HEYNE BÜCHER

Klaus Ickert · Ursula Schick

DAS GEHEIMNIS DER ROSE – ENTSCHLÜSSELT

Mit vielen Bildern aus dem Film

Originalausgabe

WILHELM HEYNE VERLAG
MÜNCHEN

HEYNE ALLGEMEINE REIHE
01/6841

Zweite, erweiterte Auflage

Die Bilder aus dem Film stellte die Neue Constantin, München, zur Verfügung.

Printed in Germany 1986
Umschlagfoto: Archiv für Kunst und Geschichte, Berlin
Umschlaggestaltung: Atelier Ingrid Schütz, München
Gesamtherstellung: Presse-Druck Augsburg
Bildteil: RMO, München

ISBN 3-453-02461-3

Begonnen
habe ich im März 1978,
getrieben von einer vagen Idee.
Ich hatte den Drang,
einen Mönch zu vergiften.
Ich glaube,
Romane entstehen aus solchen Ideen-Keimen,
der Rest ist Fruchtfleisch,
das man nach und nach ansetzt.

Umberto Eco:
Nachschrift zum ›Namen der Rose‹

Inhalt

Natürlich, ein Buch

So wie die Bibel das Buch der Bücher ist (und welche Rolle sie in Umberto Ecos Roman *Der Name der Rose* spielt, werden wir noch sehen), so entwickelt sich Ecos 1980 erstmals in Italien erschienenes Buch zum Buch der unterhaltsamen Bücher. Mehr als eine Million Exemplare wurden allein von der deutschen Ausgabe in vier Jahren verkauft.

Dabei ist dieser umfangreiche Wälzer eine nicht gerade einfache Lektüre; ein Rezensent hat ihn deshalb auch als »Professorenroman« tituliert. Das fängt schon bei den verschiedenen Zeitschichten an. Der Autor (Eco!?) beschreibt im Jahr 1980, wie er im Jahr 1968 auf der Grundlage einer französischen Ausgabe des 19. Jahrhunderts eine Rohübersetzung eines Textes aus dem 17. Jahrhundert anfertigt, der seinerseits eine Wiedergabe einer lateinischen Handschrift aus dem 14. Jahrhundert ist: In den letzten zehn oder zwanzig Jahren desselben Jahrhunderts sitzt im österreichischen Kloster Melk der alte Mönch Adson und beschreibt an der Schwelle des Todes, was er als junger Novize in der letzten Novemberwoche des Jahres 1327 erlebt hat. Also eine Zeitstaffelung mit nicht weniger als sechs Stufen: 1327 – Ende des 14. Jahrhunderts – 17. Jahrhundert – 19. Jahrhundert – 1968 – 1980.

Andererseits ist die Geschichte aber ganz einfach: In einer reichen Cluniazenserabtei an den Hängen des Apennin ereignet sich im Jahr 1327 eine Serie von geheimnisvollen Morden. Der Ex-Inquisitor William von Baskerville, der in heikler Mission zwischen Abgesandten des Papstes und den der Ketzerei verdächtigten Minoriten vermitteln soll, wird zum Detektiv, und so geraten die 635 Seiten (der deutschen Ausgabe) zum Kriminalroman nach dem spannungsfördernden Muster des ›Whodunit‹ (›Wer war der Mörder?‹).

Aber selbst der eingefleischte Krimi-Leser wird bald spüren, daß es um mehr als die kriminalistische Auflösung eines mittelalterlichen Falles geht. Der Semiotik-Professor Umberto Eco, der Professor also, der uns die Lehre von der Zeichenhaftigkeit der Welt ausdeutet, präsentiert uns hier einen ›Fall‹, der weit verwickelter ist. Der Krimi entpuppt sich schnell als historischer Roman, als Schauerroman, als Schlüsselroman – und als Verwirrspiel von Verweisen, Anleihen, Übernahmen, Zitaten. Er ist also zugleich ein grandioses Stück Literatur *über* Literatur.

Dieses Buch zum Buch der unterhaltsamen Bücher versucht, Ecos literarischen Kosmos zu entschlüsseln. Daß das angesichts des beschränkten Raums (und wahrscheinlich überhaupt) nicht vollständig möglich ist, liegt auf der Hand. Zumal Eco selbst mit Verweisen auf die eigenen Quellen sehr geizig umgeht!

Die Abbildungen und Fotos in diesem Buch sollen dem Leser die visuelle Dimension des Romans erschließen. Das gilt vor allem für die Fotos aus Jean-Jacques Annauds Film, da dieser eine sehr eigenständige ›Lesart‹ des Buches präsentiert.

Ein solches Entschlüsselungsbuch, dessen Kapitel I, IV und V von Ursula Schick, die übrigen von Klaus Ickert geschrieben wurden, ist eine unendliche Geschichte: Es ist angewiesen auf die Mithilfe der Leser, die sich an dem Roman-Puzzle beteiligen. Daher fordern die Autoren und der Verlag Sie, den geneigten Leser, auf, uns Ihre Funde mitzuteilen. Wir werden sie in den kommenden Auflagen dieses Buches berücksichtigen. Bitte schreiben Sie an den Wilhelm Heyne Verlag, Türkenstraße 5–7, 8000 München 40, unter dem Stichwort ›Eco‹.

München, im August 1986

I
Der Aufbau des Romans

1 Der Prolog

Der Name der Rose ist eine Rahmenerzählung; es liegt sogar eine eineinhalbfache Einrahmung der eigentlichen Geschichte vor. Der Textteil, der die traditionelle Rahmenfunktion erfüllt, läßt sich folgendermaßen skizzieren: Ein gealtertes Erzähler-Ich, der Mönch Adson in der Benediktinerabtei Melk, erzählt als Chronist wahrheitsgetreu die »denkwürdigen und entsetzlichen Ereignisse« (*S. 17*)*, die er in seiner Jugend 1327 als Reisebegleiter des Franziskaners William von Baskerville in einer nicht genannten Abtei in Oberitalien erlebte. Die »schrecklichen Dinge« (*S. 21*) machen dann die eigentliche eingebettete Erzählung aus.

Der einleitende Teil des Rahmens mit dem Titel »Prolog« erstellt die Erzählsituation und führt mit der Vorstellung der Hauptpersonen und des Schauplatzes sowie spannungsfördernden Vorausdeutungen bereits zur Hauptgeschichte hin. Vor allem gibt er mit der religiös begründeten Suche nach der Wahrheit das Motiv für die Niederschrift. Dieser Rahmen wird am Schluß wiederaufgenommen, und zwar auf zwei Zeitstufen:

Einmal kommt der gegenüber der Hauptgeschichte bereits um einiges gealterte Adson sozusagen als Figur der verlängerten Geschichte wieder an den Ort der eigentlichen Ereignisse zurück und sucht nach den Spuren des zentralen

* Die Seitenangaben, die kursiv in Klammern stehen, beziehen sich auf die Seitenzahlen im Roman, wobei die deutsche Hardcover- und Taschenbuchausgabe identisch sind.

Geschehens, die er – wenn auch spärlich – findet und sammelt, um sich daraus eine Art von geistigem Ersatz der Klosterbibliothek zusammenzustellen. Dann ist abschließend erneut vom Akt des Niederschreibens die Rede, das bereits Geschriebene wird beurteilt, und an dieser Stelle finden sich die zentralen Interpretationshinweise »ein Flickwerk, ein großes Figurengedicht, ein immenses Akrostichon« (*S. 634*; → V. Lit. Vorlagen). Mit dem Schlußsatz des ganzen Romans, mit dem der Cluniazensermönch Bernhard von Morlay zitiert wird, »Stat rosa pristina nomine, nomina nuda tenemus« – »Die Rose von einst steht nur noch als Name, uns bleiben nur nackte Namen« (*S. 635* → V. 2. Texte als Teil des Textes), wird der abrundende Bogen zum Titel des Buches geschlagen.

2 Das Vorwort

Dem Rahmen, der von der Niederschrift der eingebetteten Geschichte handelt, ist nun seinerseits zu Beginn ein nur mit dem inhaltlichen Verweis »Natürlich, eine alte Handschrift« betitelter Vorspann vorgeblendet, dem allerdings kein ihn wieder aufgreifender Textteil am Schluß des Buches entspricht. Dieser eröffnende Abschnitt ist in der lebensweltlichen Situation des Verfassers angesiedelt, er spielt zwischen 1968 und 1970 zwischen Prag und Buenos Aires und handelt von der Auffindung des Manuskriptes, das die ganze Geschichte Adsons enthält. Diese Story, die zusammengebaut ist aus Erzählelementen, die Eco in seiner Untersuchung über James Bond auflistet, ist in ihrer Mischung aus Love-Story, Politthriller, wissenschaftlicher Dokumentation und mystifizierender Detektivgeschichte ein recht verworrenes Vexierspiel, wobei das detektivische Interesse einer mittelalterlichen Handschrift gilt.

Das Thema erstaunt keineswegs in einem ›Professorenroman‹, ist doch die Suche nach einem Text ein seit langem beliebter Erzählstoff. Von Eco führen deutliche Bezüge

Umberto Eco

zu Jan Graf Potockis *Die Handschrift von Saragossa* (1803–1815) mit ihrer Verschachtelungstechnik und zu Gérard de Nervals *Angélique* (1850), aus der Eco nicht nur den Namen des Abbé de Bucquoy, sondern auch das sehr komplizierte Schema der Textüberlieferung und das Motiv der Bibliothek, die ihre Bücher eher verbirgt als zur Verfügung stellt, übernommen hat. Ganz erstaunliche Parallelen treten in einer Episode zutage, die Mircea Eliade in seinen Tagebucheintragungen vom 14. Februar 1947 verzeichnet und die sich offensichtlich wirklich zugetragen hat. Dies sind nur einige von vielen Beispielen, die für das Buch im Buch zu nennen wären. Im vorliegenden Fall besteht das Verwirrspiel darin, absolut nachprüfbare, entweder in der Wirklichkeit oder in bezug auf all die vorkommenden Bücher zutreffende Einzelelemente, mit eindeutig erfundenen Angaben so zu verquicken, daß auch der fachkundige Leser manchmal den Überblick verliert. Als Beispiele für wirklichkeitsentsprechende Verweise ließen sich etwa anführen: die politische Situation im August 1968 in Prag; alle Ortsnamen; der größte Teil der Personennamen, so etwa der berühmte französische Mittelalterspezialist Etienne Gilson, die Papeterie Joseph Gibert, das bekannte Schreibwarengeschäft am Boulevard Saint-Michel in Paris, Athanasius Kircher, der große Gelehrte, der von 1601–1680 lebte und sich mit Mathematik und alten Sprachen beschäftigte, und last, not least Eco selbst, wenn auch nicht als namentlich genannte Person, sondern indirekt als Autor des in diesem Vorwort erwähnten Werks *Apokalyptiker und Integrierte*, ebenso wie die präzise wiedergegebenen bibliographischen Angaben zur angeblich zweiten, in Wirklichkeit allerdings ersten Auflage der *Vetera Analecta* des Historikers des Benediktinerordens Jean Mabillon von 1723 sowie fast alle anderen angeführten Titel.

All diese Elemente tragen dazu bei, den Aussagen dieses Herausgebervorworts den Anschein von Realität zu verleihen. Sie werden in Frage gestellt durch den Hinweis auf die auch in alten Stadtgeschichten von Paris nur aus einem

Straßennamen zu erschließende Abbaye de la Source, deren Name den Inhalt des ganzen Abschnitts, nämlich die Suche nach der *Quelle* der Handschrift, als Ortsname zusammenfaßt, sodann durch die Zitierung der angeblichen Erstausgabe der *Vetera Analecta* von 1721 mit ungenauer Druckerangabe und am entscheidensten durch den ausdrücklichen Bezug auf Milo Temesvar und seine Werke. Die Gewißheit darüber, daß trotz aller Pseudo-Genauigkeit die Angaben zu Temesvar einen anderen Wirklichkeitsgehalt besitzen als etwa diejenigen zu dem bahnbrechenden Aristoteles-Forscher Albertus Magnus (1193–1280), verdanken wir Eco selbst. Doch darauf wird noch genauer einzugehen sein. Die gegenseitige Verrechnung der Wirklichkeit vortäuschenden oder sie wieder aufhebenden Bezüge siedelt diesen Textabschnitt in einem seltsamen Zwischenbereich zwischen dokumentarischer Textgeschichte und bloß erfundener Geschichte um einen Text an. Diese Tendenz, auf eine Festlegung der Aussagen zu verzichten und sie in einem offenen Schwebezustand zu belassen, ist allerdings nicht auf dieses Vorwort beschränkt (→ IV. 4. Schlüsselroman; → V. 2. *Apokalypse*).

Was nun den eigentlichen Bericht von der Auffindung der ominösen Schrift Adsons, ihrem darauffolgenden Verlust und der sich daran anschließenden Suche betrifft, so handelt es sich dabei um den hier etwas sehr verkomplizierten, ansonsten jedoch äußerst beliebten Kunstgriff der traditionellen Verbürgung von Wahrheit.

Der äußere Vorspann liefert auch schon entscheidende Einstiegshilfen in den Roman. So fällt etwa in den angeblichen Titeln des nicht-existenten Milo Temesvar schon das Stichwort *Apokalypse*, ebenso erfolgt hier der Verweis auf Spiegel und Schachspiel. Die Erwähnung des Antiquariats in Buenos Aires läßt gewitzte Leser von Anfang an fündig werden in bezug auf Jorge Luis Borges, dem Eco letztlich die trickreiche Technik des Verwirrspiels zwischen Realität und Fiktion bis hin zur Erfindung nicht existierender Bücher und falscher Fußnoten verdankt.

Auch das Stichwort »Visionen von Büchern, die noch nicht geschrieben worden sind« (S. 9) sowie das zeitweilige In-Frage-Stellen von unmittelbar vorher als erlebt beschriebenen Episoden, d. h. die Aufhebung fester Grenzziehungen zwischen Realität, oder besser zwischen als Realität erzählter Erfindung, und gedachter oder geträumter, sozusagen erfundener Erfindung, erhalten ihr eigentliches Gewicht erst, wenn man den Gesamttext kennt, stellen ihn aber doch schon von Anbeginn an unter gewisse interpretatorische Vorzeichen.

3 Die eingebettete Geschichte

In der in den Rahmen eingebetteten Geschichte erzählt Adson seine Erlebnisse als Novize im November 1327 anläßlich eines Treffens zwischen einer päpstlichen und einer kaiserlichen Delegation. Im Zusammenhang mit dem franziskanischen Armutsgebot sind Probleme aufgetreten, deren Lösung gegenseitige Machtansprüche verursachte, über die man sich bei dieser Zusammenkunft einigen will (→ VI. Geschichtl. Hintergrund). Diesem Treffen wohnt William von Baskerville bei, als dessen Schreiber der junge Adson fungiert. Sein späterer Bericht wird umrankt und überwuchert von den anderen Geschehnissen am Ort des Treffens (→ II. Der Schauplatz). Der Kompromißversuch endet schließlich negativ, die Parteien scheiden völlig zerstritten.

Diese eingebettete Geschichte umfaßt sieben Tage in dem abgeschlossenen Mikrokosmos des Klosters, wobei die Zeit gemessen wird an der Abfolge der Gebetsstunden, die darüber hinaus auch zum Gliederungsprinzip des Textes werden.

Bereits in dieser Entsprechung liegt eine der vielfältigen Beziehungen und Spiegelungen zwischen den einzelnen Ebenen des Romans. Erzählt wird aus der Perspektive des gealterten erzählenden Ich Adsons mit sinnstiftenden Erläuterungen und Ausweitungen, mit zahlreichen Vorausdeutungen, die natürlich der erlebende junge Adson nie so hätte machen können und die zwar Spannungsbögen aufbauen und aufrechterhalten, aber nie die übergreifende Spannung auf die Lösung der Kriminalgeschichte abbauen (→ IV. 1. Kriminalroman).

Das Geschehen selbst besteht aus einer Reihe von Todesfällen, entweder Morden oder Selbstmorden. Es kommen insgesamt sieben Mönche auf unterschiedlichste Weise zu Tode – die nicht näher zu bestimmende Zahl der Opfer der abschließenden Katastrophe kann hier außer acht gelassen werden, da diese sich nach dem Ende der eigentlichen Geschichte ereignet –; nach dem vierten Toten werden in einer Art Inquisitionsprozeß von der päpstlichen Delegation die ihrer Meinung nach oder vielmehr die für ihr Beweisziel passenden Schuldigen gefaßt. Dennoch setzt sich die Serie fort. Auf einige der Toten wird zuerst der Verdacht gelenkt, die Schuld an den vorangegangenen Todesfällen zu tragen, bis er durch ihren eigenen Tod widerlegt wird.

Die kriminalistischen Nachforschungen konzentrieren sich mit der Zeit mehr und mehr auf die Bibliothek als verbindendes Glied zwischen den verschiedenen Todesfällen. Dabei kristallisiert sich heraus, daß allen begangenen Verbrechen ein gemeinsames Motiv zugrunde liegt: Jeder der ermordeten Mönche war, zumindest für kurze Zeit, im Besitz eines ganz bestimmten, jedoch unbekannten Buches, das den Schlüssel zu den geheimnisvollen Taten zu enthalten scheint. Die Suche nach diesem Buch und die einkreisende, schrittweise Klärung der Frage, um welche Art von Buch es sich handeln muß, machen einen der spannendsten Teile der Detektivgeschichte aus. Einmal wird das Buch sogar materialiter entdeckt, aber nicht als das gesuchte erkannt, kurzum, es werden alle möglichen verzögernden und spannungsfördernden Momente eingebaut.

Die Lösung der Spannung erfolgt schließlich mit dem Auffinden und Identifizieren des Buches durch William.

Dieser vermag das unbekannte Werk genau zu beschreiben, noch bevor er es selbst in die Hand bekommt, und zwar dank seiner Kombinationsgabe und aufgrund der Lektüre anderer Texte, die ihn zu eindeutigen Rückschlüssen über das gesuchte Buch kommen lassen. Allerdings gelangt er nie in den Besitz des Buches, da der für die ganze Kriminalhandlung verantwortliche Jorge es sich im wahrsten Sinn des Wortes einverleibt, indem er es teilweise aufißt und den Rest verbrennt. Der nachfolgende Brand der Bibliothek wäre als lösendes Element des übergreifenden Spannungsbogens nicht mehr erforderlich, er folgt vielmehr, vor allem mit der sich noch anschließenden apokalyptischen Vernichtung des gesamten Klosters, dem Handlungsschema der *Offenbarung*, auch wenn sich vorher herausgestellt hat, daß dieser Text nicht als Dechiffrierungsschlüssel für die Mordserie paßt.

4 Der Epilog

Wenn oben festgestellt wurde, daß die Handlung sieben Tage umfaßt, so war das zwar an dem Gliederungsgerüst der eingerahmten Geschichte abgelesen, bezogen auf die wirkliche Zeitdauer des gesamten Geschehens ist diese Angabe aber nicht ganz genau und muß präzisiert werden.

Die erzählte Zeit überschreitet die durch die *Genesis* in der Bibel und bereits lange vorher im babylonischen und sumerischen Schöpfungsbericht festgeschriebene Dauer von ›sieben Tagen‹, die dort die Zeit der Erschaffung der Welt immer schon insofern überhöht, als das Wort für ›sieben‹ in den semitischen Sprachen nicht nur den Zahlenwert bezeichnet, sondern zugleich »die Vorstellung eines geschlossenen und vollkommenen Ganzen [...], den Charakter der Totalität, und zwar den der von Gott gewollten und geordneten Totalität« meint (*Theologisches Wörterbuch zum Neuen Testament*). Eco allerdings setzt das Sieben-Tage-Werk ein, um in sinnverkehrender Opposition zur ursprünglichen Bedeutung einen Auflösungsprozeß zu schildern, dem sich ebensogut die wohl kaum zufällig in der *Apokalypse* vorherrschende Zahl sieben – sie begegnet dort nicht weniger als 54mal, etwa bei den sieben Siegeln, sieben Posaunen usw. (→ II. 1. Benediktinerabtei), jedoch nie in der Zusammenstellung sieben Tage! – als Ordnungsprinzip unterlegen läßt. Die Überschreitung der Handlungszeit kann natürlich im Text nicht mehr in dem dem Sieben-Tage-Schema zugehörenden Teil berichtet werden. So hilft sich Eco mit einem letzten Kapitel, das entsprechend zum *Prolog* in der deutschen Fassung *Epilog* benannt ist. Es enthält ziemlich unterschiedliche Textteile:

1) Der Untergang des Klosters wird zu Ende berichtet. Es brennt noch drei Tage lang.

2) Die Hauptpersonen verlassen den Ort des Geschehens und ziehen gen Norden; Adson kehrt nach Melk zurück, Williams Schicksal bleibt offen, die Nachricht von seinem Tod erreicht Adson nach Jahren.

3) Adson besucht nach langer Zeit den Schauplatz der Haupthandlung und betreibt Spurenlese. In Melk erstellt er seine imaginäre Bibliothek aus den aufgelesenen Fragmenten.

4) In der Wiederaufnahme des Rahmens wird der Schreibakt selbst zum Thema, daher trägt der *Epilog* im Original den Titel *Ultimo folio* (letztes Blatt). Der greise Adson versucht, seine eigene Erzählung mit wertenden Maßstäben zu beurteilen.

Mit dieser Themenvielfalt entspricht der Epilog genau dem Prolog, der ebenfalls Verschiedenes umfaßt. Diese Umrahmung der eingebetteten Geschichte durch ein- und ausleitende Partien, die jedoch nicht dem Gliederungsprinzip des Hauptteils verpflichtet sind, trägt zu einer deutlichen Hervorhebung der eigentlichen Kriminalgeschichte bei, die so auf die sieben Tage konzentriert wird. Festzuhalten ist, daß die tatsächlich oder nur scheinbar sinnstiftenden Interpretationshilfen im Rahmen verdichtet auftreten und daß durch die Wiederholung dieser Textteile, die so unterschiedliche Passagen enthalten, bereits eine gewisse Symmetrie ablesbar wird. Diese Architektur prägt den auch in anderen Zügen zutage tretenden kalkulierten Artefakt-Charakter des Buches (→ V. Lit. Vorlagen).

5 Bezüge zwischen den einzelnen Textteilen

Innertextliche Bezüge verlaufen in auffallend dichter Bündelung zwischen dem einleitenden Vorwort und der eingebetteten Geschichte. Wie bereits der Titel ›Natürlich, eine alte Handschrift‹ besagt, handelt auch diese Einleitung von einem Text, genauer gesagt, von einem nur handschriftlich überlieferten Text. Mit diesem Rückgriff auf ein beliebtes Erzählmuster wird die Echtheit der später erzählten Geschichte verbürgt, indem die Verantwortung auf einen früheren Autor verlagert wird, oder die eigene Erzählerrolle wird wie im vorliegenden Fall auf die Funktion eines Herausgebers oder Übersetzers beschränkt.

Die Suche nach Adsons Manuskript, von der dieser Vorspann handelt, nimmt natürlich die Suche nach der Aristoteles-Schrift im Hauptteil andeutend vorweg, allerdings gibt es dabei einige spiegelbildlich verkehrte Details: Adsons Schrift wird zuerst zufällig entdeckt, geht dann einmal zufällig verloren, wird jedoch nicht materiell zerstört und wird an verschiedenen weit auseinanderliegenden Orten gesucht. Sie taucht in einem zweiten Exemplar wieder auf, und zwar eigentlich als ›Interpolation‹, d. h. eingeschrieben in einen anderen Text. Der Gesamttext stellt letztlich die Rettung dieser Schrift dar. Der Aristoteles-Text wird zu Beginn überhaupt nicht gesucht, vielmehr gelangt bei der Suche nach einem Mörder der Suchende zu der Überzeugung, daß es ein ganz bestimmtes Buch geben muß, das in Zusammenhang mit den Morden steht, die ihn beschäftigen. Diesem unbekannten Buch nähert sich der Nachforschende mehrmals, es geht mehrmals wieder verloren, er sucht es an einem fest umrissenen, in sich geschlossenen

Ort, findet es schließlich, dennoch wird es unwiderruflich im einzig vorhandenen Exemplar zerstört und ist damit für die gesamte Menschheit endgültig verloren.

Der Haupttext ist – wenn man so will – die Geschichte der Zerstörung dieses Textes. Die Schrift des Aristoteles wird von allen Mönchen, die Kenntnis von ihr erlangen, planmäßig versteckt und geheimgehalten; um so zielgerichteter wird von anderen Personen nach ihr gesucht, und schließlich wird sie von Jorge wegen ihres undogmatischen Inhalts, einer Verteidigung des Lachens, ganz bewußt zerstört. Dem Umgang mit diesem zweiten Buch der *Poetik* des Aristoteles eignet also eine auffallende vorsätzliche Handlungsweise auf seiten aller Beteiligten. Dieses zielgerichtete Handeln stellt eine spiegelbildliche Verkehrung der Beliebigkeit dar, die bei Verlust und Suche des Adson-Manuskriptes immer wieder deutlich wird. Aus dieser Gegenüberstellung wird auch einsehbar, warum im Vorwort, das sonst eindeutig auf Wahrscheinlichkeit abzielt, das unwahrscheinliche Detail in Kauf genommen wird, daß der Vorworterzähler sich nicht einfach an seine abgereiste Geliebte wendet, um den Adson-Text wiederzuerlangen, den diese ja nur zufällig mitgenommen (*S. 8.*) und nicht etwa zerstört hat.

Beide im Roman eine so große Rolle spielenden Texte sind von zahlreichen Geheimnissen umgeben: was den Verfasser, die genaue Zeit der Abfassung und den Ort der Handlung betrifft, bei Adson; hinsichtlich der Frage, um welchen Text es sich überhaupt handelt und welche Themen er enthält, im Falle der noch nicht identifizierten Aristoteles-Schrift. Auch das Problem der jeweiligen Abfassungssprache und der Textgeschichte stellt gewisse Beziehungen zwischen den beiden Texten her. Der Herausgeber ›Eco‹ kann sich nur schwer entscheiden, welchen Sprachstil er wählen soll bei seiner Übersetzung einer obskuren ›neugotischen‹ französischen Übersetzung (Abbé Vallet) einer lateinischen Version des 17. Jahrhunderts (Jean Mabillon) eines lateinischen Originals, das ein deutscher Autor im 14.

Jahrhundert (Adson) verfaßt hat (*S. 11*). Daß der von ihm so fieberhaft gesuchte Text in griechischer Sprache geschrieben sein muß, erschließt William sehr schnell. Sehr spät jedoch findet er heraus, daß dieser griechische Text zusammengebunden ist mit einem syrischen, der seinerseits wiederum die Übersetzung eines ägyptischen Werks über Alchimie ist, das die Entstehung der Welt dem göttlichen Lachen zuschreibt, sowie daß dieser Sammelband auch die *Cena Cypriani* enthält, die ihrerseits eine Parodie der Bibel ist (→ V. Lit. Vorlagen). Diese hochgradig komplizierten Verhältnisse bewirken, daß keiner der beiden Texte im Roman als in sich geschlossene, individuelle Einheit, sondern jeweils gleich in relativierender Perspektive durch verschiedene Stufen der Überlieferung gebrochen erscheint.

Ein weiteres verbindendes Glied ist Melk, einmal als Herkunftsort des Haupttext-Erzählers und zweiten Protagonisten Adson, zum anderen als Station der ›sentimental journey‹ des Herausgebers, der sich dort selbstverständlich sofort in die berühmte Bibliothek begibt und nach einem Exemplar von Adsons Handschrift forscht. Jedoch vergeblich, denn sonst wäre ja auch die Suche viel zu schnell beendet.

Die weitere Fahndung nach den Texten umfaßt jeweils mehrere Phasen, die sich im Falle des Rahmens auf den Besuch zweier Bibliotheken, den vergeblichen Gang zur Abbaye de la Source, auf die persönliche Befragung sachkundiger Mittelalterforscher und schließlich auf das Durchstöbern der Bestände eines Antiquariats in Buenos Aires erstrecken. Während an allen sich als möglicher Fundort anbietenden Stellen der Erfolg versagt bleibt, entdeckt der Herausgeber den Text am letztgenannten Ort, wobei die wahllose Beliebigkeit der Buchbestände eines solchen Ladens wiederum in genauer Opposition steht zur systematischen Sammlung einer Bibliothek. Allerdings ist es auch nicht der Adsonsche Text selbst, der dem Vorworterzähler zufällig in die Hände fällt, sondern ein anderes Werk, das jedoch vieles aus dem gesuchten Manuskript zitiert. Auch hier liegt eine genaue Umkehrung im Vergleich zum Haupttext vor: Dort wird der gesuchte Text in der Bibliothek gefunden, und zwar der in Frage stehende Text selbst, den der Nachforschende aus der Lektüre anderer Texte erschlossen hat, ohne zu wissen, was er eigentlich sucht. Die zugrunde liegende These ist identisch: Texte lassen sich mit Hilfe anderer Texte erschließen. Es gibt offensichtlich eine Begründung für die notwendige Existenz bestimmter Texte im Vorhandensein anderer.

Auch gewisse Details dieser beiden philologischen Kriminalgeschichten lassen sich jeweils miteinander parallelisieren: So deutet die Nennung Mabillons als Verfasser der *Vetera Analecta* (*S. 8*) bereits auf den Orden der Benediktiner hin, dem fast alle wichtigen Figuren der Hauptgeschichte angehören. Der vorgebliche Druckort der zitierten Ausgabe der *Analecta*, die Abtei mit dem sprechenden Namen Abbaye de la Source mit ihrer kurz darauf wieder als reine Erfindung verdächtigten Druckerei, entzieht sich einer schnellen Identifizierung. Dagegen läßt sich der Schauplatz der Haupthandlung, die namentlich nie benannte Abtei mit ihrer berühmten Bibliothek und ihrer wichtigen Schreibstube, unschwer lokalisieren: Topographisches Vorbild dürfte die Sacra di San Michele unweit von Turin sein, auf die eine Reihe von Merkmalen (Lage, Benediktinerabtei, Bibliothek) verweisen, während das Kirchenportal eindeutig Moissac nachempfunden ist (→ II. 2. Tympanon). Daß die Jagd des Herausgebers nach dem Adson-Text zu guter Letzt ihr Ende in Buenos Aires findet, weist auf die eminente Bedeutung hin, die Borges als Schlüsselfigur für das Ganze hat (→ V. Lit. Vorlagen).

Und schließlich bietet die Bezugnahme auf den nichtexistenten Milo Temesvar zu Beginn des Buches das eigentliche Passepartout für den Haupttext: Einerseits enthält der ihm zugeschriebene Titel *Vom Gebrauch der Spiegel beim Schachspiel* den Hinweis auf ein ganz wichtiges Objekt in der Geschichte, nämlich auf den für die Lösung des Rätsels um den Zugang zum Finis Africae entscheidenden Spiegel, der den Weg zum innersten Raum der Bibliothek freigibt, wo sich dann endlich das Buch des Aristoteles findet. Dieser Spiegel ist nun seinerseits gewissermaßen verankert in der tragenden Funktion, die Spiegeln sowohl als realen Gegenständen als auch in übertragener Bedeutung bei Borges zukommt. Darüber hinaus handelt es sich bei der Spiegeltür, die das Finis Africae versperrt, nicht um einen gewöhnlichen Spiegel, der das auf ihn fallende Bild als solches wiedergibt, sondern es ist ein Zerrspiegel, der die ihn umgebende Welt verfremdend bricht. Genau solche Brechungen eignen wiederum der Erzählmanier eines Borges. Im übrigen spielen Spiegelungsverfahren auf den verschiedensten Ebenen eines Textes eine herausragende Rolle in der neueren Erzählliteratur. Thematisch ist das Spiegelmotiv ohnehin von Anfang an im Haupttext präsent durch das Alanus-Zitat über das Universum als Spiegel der Weisheit Gottes (→ V. 2. *Alanus ab Insulis*).

Ebensowenig wie der Spiegelverweis ist die Nennung des Schachspiels als beiläufig anzusehen. Das Spiel als zweckfreies Anwenden von Regeln, das immer neue Kombinationen von Elementen ergibt, wirft ein erhellendes Licht nicht nur auf das Durchspielen verschiedener Erzählverfahren (→ IV. Romantypen), sondern auch auf die Collage-Technik (→ V. Lit. Vorlagen).

Das Werk von Temesvar, das angeblich zuerst in Tiflis 1934 in georgischer Sprache erschien, ist im Original selbstredend auch nicht mehr greifbar. ›Eco‹ entdeckt in Buenos Aires nur eine spanische Übersetzung, die ihrerseits jedoch weite Teile aus Adsons Schrift zitiert, allerdings diese wiederum aus keiner der bis dahin vorgestellten Textstufen übernimmt, sondern aus einem nicht näher identifizierbaren Werk des Athanasius Kircher. Es nimmt daher auch nicht wunder, daß die Beziehung dieses Autors zu Adson sofort wieder in Zweifel gezogen wird. So spiegelt sich also in der Textgeschichte der Temesvarschen Schrift ebenfalls diejenige der Adsonschen Chronik mit all ihren Unsicherheitsfaktoren. Bevor dem Herausgeber ›Eco‹ dieses Werk selbst in die Hände fällt, besitzt er schon Kenntnis davon aus zweiter Hand – auch dies ein Motiv, das der Haupttext für den Aristoteles wieder aufgreifen wird. ›Eco‹ zitiert sogar daraus, wenn er einen anderen Text des gleichen Temesvar, nämlich *Die Apokalysen-Händler* in seinem eigenen, das heißt des wirklichen Autors Eco, nun in der Tat existierenden Werk *Apokalyptiker und Integrierte* bespricht. Auf diesen Umstand verweist ›Eco‹ in seinem Vorwort zum Roman (*S. 9*), so daß er sich von hier aus mit dem realen Eco identifizieren läßt. Dessen letztgenannte Studie über verschiedene Erscheinungen der Kulturgeschichte enthält in der zweiten Auflage (Mailand 1978) an der fraglichen Stelle eine aufklärende Fußnote über die erfundene Gestalt des Milo Temesvar, nachdem augenscheinlich eine ganze Reihe irregeleiteter Leser der Erstauflage (1973) den Autor um bibliographische Hilfe bei der Suche nach dem natürlich nicht aufzutreibenden Spiegel-Schach-Buch gebeten hatten und dieser schließlich die Identität seines Retortenmenschen enthüllte und mit seinem literarischen Homunculus zugleich seinen Hang zur Mystifikation preisgab. Sowohl Ecos echter Titel *Apokalyptiker und Integrierte* als auch das Temesvar zugeschriebene Werk *Die Apokalypsen-Händler* verweisen auf den zentralen Text, der sowohl direkt als auch indirekt in den Roman eingeschrieben ist (→ V. Lit. Vorlagen).

Auch das den Prolog einleitende Zitat aus dem *Johannes-Evangelium* (→ V. Lit. Vorlagen) ruft über den gleichen Verfassernamen die *Offenbarung des Johannes* auf, auch wenn es sich nicht um denselben Verfasser handelt. Auf das in *Johannes 1,1* als Ursprungselement der Schöpfung genannte ›Verbum‹ (Wort) wiederum greifen als Bedeutungsentsprechung das ›Verbum Dei und seine Kraft‹ (*S. 601f.*) und die sich daran anschließenden Ausführungen zurück, in denen die *Genesis* (1. Buch Mosis) als ausreichender Mythos für die ›Zusammensetzung des Kosmos‹ (*S. 602*) der sie erschütternden Physik des Aristoteles gegenübergestellt wird. Im gleichen Abschnitt erörtert Jorge, welche anderen für das christliche Dogma unumstößlichen Glaubensinhalte durch die Lehren heidnischer Philosophen in Frage gestellt wurden. So will etwa Averroës (→ VI. Geschichtl. Hintergrund) die Ewigkeit der Welt nachweisen, was in krassem Gegensatz zum Inhalt der *Apokalypse* steht. Dem eröffnenden *Johannes*-Vers über das ›Wort‹ als alles erschaffende Kraft entspricht in antithetischer Rahmenfunktion das den gesamten Roman beschließende Zitat über die Leere der ›nomina nuda‹ (*S. 635*; → V. Lit. Vorlagen), über die leeren Namen, die am Ende aller Dinge übrigbleiben.

Die anfänglichen Verweise auf die ›Wahrheit‹ (*S. 17*) und auf dic Möglichkeiten ihrer Enthüllung finden ihre Entsprechung in den abrundenden Zitaten verschiedener Mystiker (*S. 634f.*; → V. Lit. Vorlagen) über die Möglichkeiten der Erkenntnis Gottes. In Parallele zur Erstellung der Erzählsituation zu Beginn steht am Schluß die kritische Einordnung des Erzählten mit ihren Fragen nach dessen Sinngehalt. Dem abschließenden Teil der Geschichte, der wie bereits angeführt den Zeitraum der sieben Tage sprengt, stehen spiegelsymmetrisch der einführende Abriß der historischen Umstände und die einführenden Details im ›Prolog‹ gegenüber. Die Rückbezüge bleiben dabei nicht nur auf thematische Wiederaufnahmen beschränkt, sondern lassen sich in auffälliger Weise bis in einzelne Formulierungen verfolgen. So wird etwa das Motiv der alternden Welt, das auch im Textinnern ausgeführt wird (*S. 51f., S. 511f.*), an den Texträndern zweimal (*S. 22*: »unsere(r) vergreisende(n) Welt«; *S. 634*: »unsere vergreiste Welt«), nämlich in umklammernder Funktion heraufbeschworen, wobei der junge Adson den Vorgang als noch andauernden Prozeß, der alte hingegen ihn als bereits abgeschlossen ansieht.

6 Der Titel

Selbst wenn mancher flüchtige Leser die mehr oder minder geheimen Entsprechungen als nur philologischem Scharfsinn vorbehaltene Spielerei abtun mag, so kann doch niemandem die geradezu plakative Anwendung dieses Verfahrens verborgen bleiben, die der Titel des Romans darstellt. Der im Verlauf der Geschichte nie eingelöste Sinn dieses Titels erhält seine volle Bedeutung erst mit dem letzten Satz des Romans, so daß das eigentliche Rätsel des Buches, das alles Kriminalistische überwölbt, nicht vor dem abschließenden Zitat aufgedeckt wird.

Doch spannt sich dieser Bogen nicht ganz ohne Stützen über 600 Seiten. Erinnernde Verweise, seien sie auch noch so spärlich, lassen die Rose nicht vollends in Vergessenheit geraten. Eine beiläufige Erwähnung getrockneter Rosen als Bett für eine Reliquie in der Krypta der Kirche (*S. 537*) sei am Rande vermerkt. Dagegen stiften zwei weitere Belege eine ausweitende Sinndimension. Beide stehen nämlich in Zusammenhang mit Adsons Liebeserlebnis. Die erste Stelle (*S. 316*) ist die Abänderung des *Hohenlieds Salomos,* das als Vorlage diente (→ V. Lit. Vorlagen), in der Schilderung der Episode selbst. Die zweite (*S. 356*) betrifft die übersetzte Zusammenfassung der *Sequenz der Rose* des Alanus ab Insulis (→ V. Lit. Vorlagen), wo die Rose als Symbol der Vergänglichkeit Verwendung findet. Im Romanfortgang ist es die ›Tertia‹ des vierten Tages »Worin Adson sich in den Schmerzen der Liebe windet...«. Diese enge Verbindung der Rose mit der Liebesthematik scheint auch auf, wenn man die Bedeutung des Zitats aus Bernhard von Morlay (→ V. 2. Texte als Teil des Textes) in den angesprochenen Kontext einrückt. Die titelgebende Rose, die wohlgemerkt nicht als Sache (res) selbst, sondern nur als sprachliche Benennung (verbum) erwähnt wird, ist im Sinne des letzten Satzes sozusagen ein bezeichnender Name ohne bezeichneten Gegenstand. Genau als solche, nämlich als beliebtes Beispiel der sprachtheoretischen Diskussion, sieht sie ja auch Borges (→ V. Lit. Vorlagen) und nicht nur er allein. Gertrude Stein verdichtet zu »Die Rose ist eine Rose ist eine Rose«, und Jorge Guillens Gedicht *Los nombres* (Die *Namen,* 1950) ist Eco sicher nicht unbekannt, wo es in der deutschen Übersetzung heißt:

»... Die Rose,
Auch heute heißt sie immer noch
Rose...
...
Was aber bleibt, sind die Namen.«
(Zit. n. H. Friedrich: *Struktur der modernen Lyrik*).

Bleibt von der Rose immerhin der Name, auch wenn sie längst verblüht ist, so bleibt das Mädchen, an dem sich Adsons Liebe entzündet, immer namenlos. Sie ist Gegenstand seiner Erfahrung und seiner heimlichen Sehnsucht, wird aber nie zur Person erhoben, der letzte Akt der Schöpfung, die Namengebung bleibt ihr versagt. »Von der einzigen irdischen Liebe in meinem Leben kannte ich nicht – und erfuhr ich nie – den Namen.« (*S. 519*).

Das mag den Verlag der deutschen Übersetzung, der seinen Lesern eine Liste der Dramatis Personae an die Hand gibt, zum kreativen Akt bewogen haben in der Zuordnung: »Das Mädchen... namenlos, vielleicht die Rose.«

Grundsätzlich ist diese Zuordnung im Text angelegt, doch ausdrücklich vollzogen wird sie dort nie. Gerade darin, daß dieser Nachvollzug, wie so vieles andere an nachschaffender Mitarbeit, dem aktiven Leser überlassen, zugemutet, erlaubt ist, besteht ein großer Teil der Faszination des Buches.

II
Der Schauplatz

1 Die Benediktinerabtei

Umberto Ecos Benediktinerabtei entspricht im Prinzip dem St. Galler Klosterplan (→ VI. *Klosterbau*). Die Ordnung des Klosters, die Harmonie der Zahlenkomposition, spiegelt die Ordnung des Universums wider (*S. 31 f.*).

Wenn also, wie Augustinus im sechsten Buch seiner ›Musik‹ schreibt, die Schönheit eine numerische Gleichheit ist, weil eine Erscheinung um so anmutiger wird, je mehr ihre Teile proportioniert und einander angeglichen sind, und aus diesem Grunde die Schönheit eine Frage der Angeglichenheit dieser Teile ist, wie groß wird sie dann in jener Stadt sein, wo der Sohn, der die ewige Kunst aller Dinge ist, in dem alle Begriffe und Ideen der in der Zeit geschaffenen Dinge von Ewigkeit her enthalten sind, sich zeigt und den seligen Geistern wie ein glasklarer Spiegel darbietet und von allen nach ihrer Aufnahmefähigkeit erkannt wird. Deshalb heißt es im 21. Kapitel der Offenbarung, daß *»jene Stadt klares Gold ist, ähnlich dem klaren Glas«*. *Gold* wegen ihres Glanzes, dem *klaren Glas* wegen der Durchsichtigkeit ähnlich. Das Gewissen eines jeden ist jedem Seligen bekannt, und darin wird die größte Schönheit liegen.

(Bonaventura: *In festo omnium sanctorum, Sermo II*
zit. n. R. Assunto: *Theorie d. Schönen im Mittelalter,* S. 263)

Als Adson zum erstenmal die Abtei aus der Ferne erblickt (*S. 31 f.*), erscheint sie ihm als Stadt Gottes. Sie gleicht dem himmlischen Jerusalem, wie es die Sibyllinischen Orakel (2. Jahrhundert) beschreiben, die zudem Weissagungen über den kommenden Messias und das Weltende beinhalten. In der Mitte der himmlischen Stadt strahlt ein Tempel mit einem riesigen Turm – bei Eco das Aedificium –, der bis zu den Wolken reicht und von allen gesehen wird.

Ecos Benediktinerabtei ist ungemein reich: auf sechzig Mönche kommen hundertfünfzig Knechte (*S. 47f.*). Von einem Leben in Demut und Armut (→ VI. *Armutsfrage*) kann nicht die Rede sein. Im Gegenteil, die Ordensregeln (→ *VI. Benediktiner*) werden kaum noch befolgt – niemand respektiert mehr das Schweigegebot –, und das Essen ist üppig (*S. 124, 393*). Aber auch andere fleischliche Gelüste sind den Mönchen nicht fremd.

Die Bibliothek ist die größte der Christenheit (*S. 624*), und der Klosterschatz in der Krypta ist unermeßlich (*S. 532ff.*), was den Abt (→ III. 4. Abbo) mit Stolz erfüllt; denn der Glanz und die Schönheit der irdischen Dinge führen den Geist zum Glanz und zur Schönheit Gottes hinauf.

Die harmonische Schönheit der Abtei ergibt sich aus der Proportioniertheit der einzelnen Teile. Zahlenkompositionen spielen dabei eine entscheidende Rolle, denn symbolische Bedeutung hatten nicht nur die biblischen Zahlen. Die Einzahl versinnbildlicht Gott; die Zweizahl den Gegensatz von Gut und Böse. Der Dreizahl sind die Trinität, der dreifache Klang der Musik und die Dimensionen der Zeit zugeordnet. Eine vollkommene Zahl ist auch die Vierzahl, die mit den drei vorangehenden die Zehnzahl ergibt, woraus Kombinationen wie 40, 100, 1000 usw. entstehen. Ihr entsprechen die vier Jahreszeiten und die vier Evangelien. Fünf ist die Symbolzahl der Welt und repräsentiert die fünf Weltzonen, die fünf Sinne. Der Siebenzahl sind die Schöpfung der Welt in sieben Tagen, die sieben Sakramente, die sieben Hauptsünden etc. zugeordnet. (→ I. 4. Der Epilog; vgl. E. R. Curtius: *Europ. Literatur und lat. Mittelalter*, S. 491ff.)

Rechts: Eine der älteste Ansichten des St. Galler Klosters (1596).

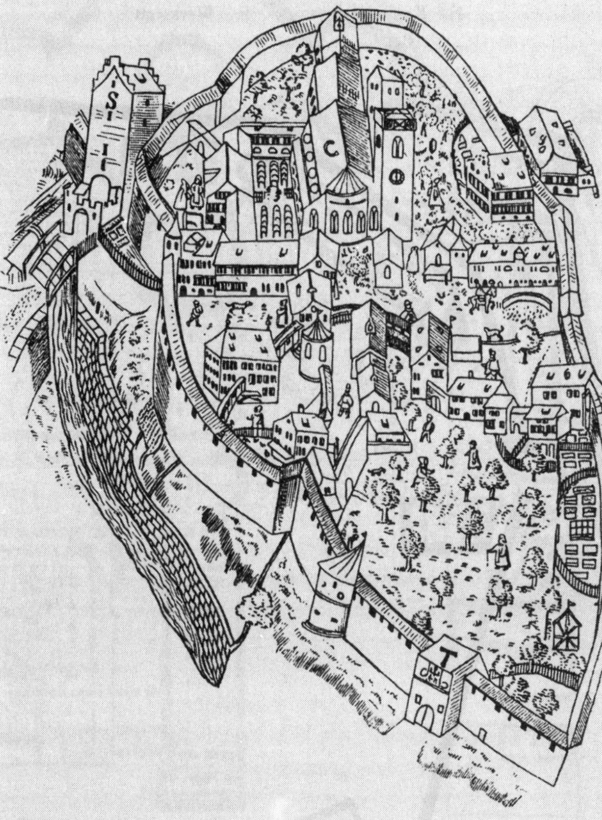

2 Das Tympanon über dem Kirchenportal

Vorbild für das Tympanon über dem Kirchenportal (*S. 56ff.*) ist das Tympanon von Moissac. Das halbkreisförmige Relief über dem Südportal der Abteikirche, im romanischen Stil um 1115–1120 entstanden – ursprünglich farbig –, stellt eine apokalyptische Vision aus der *Offenbarung Johannis* (Kap. IV) dar. Im Zentrum thront Christus als Allmächtiger Herrscher, umgeben von den Symbolen der vier Evangelisten (der Engel für Matthäus, der Löwe für Markus, der Stier für Lukas und der Adler für Johannes) und den vierundzwan-

Tympanon am Portal der Abteikirche zu Moissac (Gascogne), frühes 12. Jahrhundert.
»Ich sah einen Thron, der gesetzt war im Himmel, und auf dem Thron saß Einer, und Der Da Saß, war streng und erhaben anzusehen, die weitgeöffneten Augen blickten funkelnd auf eine ans Ende ihrer irdischen Tage gelangte Menschheit...«
(Adson von Melk in *Der Name der Rose, S. 57ff.*).

zig Ältesten. Sie sind hohe Engel, die in Anlehnung an die alttestamentarische Vorstellung eine Art Thronrat Gottes bilden.

Die Skulpturen des Tympanons in Moissac hatten die Illustrationen des Apokalypse-Kommentars von Beatus von Liébana (→ V., VI. *Apokalypse*) zum Vorbild, die Eco 1973, mit einem Vorwort versehen, neu herausgegeben hat.

Die Bedeutung der ikonographischen Zeichen als Symbole ist eindeutig und entspricht der Philosophie des Realismus (→ VI. *Realismus*). Auch die Dämonen am Kirchenportal (*S. 61ff.*) sind für die romanische Skulptur bezeichnend,

Tympanon am Mittelportal der Basilika Sainte-Madelaine zu Vézelay (Burgund), Mitte 12. Jahrhundert. »Über dem Haupt des Erlösers, angeordnet in einem Bogen, der sich in zwölf Paneele teilte, sowie unter seinen Füßen in einer ununterbrochenen Prozession von Figuren, waren die Völker der Welt dargestellt, denen die Frohe Botschaft gebracht werden sollte, und ich erkannte an ihren Kostümen die Juden, die Kappdozier, die Araber und die Inder, die Phrygier, die Byzantiner...« (Adson von Melk in *Der Name der Rose, S. 430*).

wenngleich der heilige Bernhard solche Darstellungen verurteilte: »Was wollen die unreinen Affen, die wilden Löwen, die mißgestalteten Kentauren, die Halbmenschen, die fleckigen Tiger, die kämpfenden Soldaten, die hornblasenden Jäger?« (Zit. n. R. Assunto: *Theorie d. Schönen...*, S. 108, S. 196f.)

3 Das Tympanon über dem Portal der alten Kirche

Vorbild für das Tympanon über dem Portal der alten Kirche (*S. 430ff.*) ist das Tympanon am Mittelportal der Basilika Sainte Madeleine in Vézelay, das um 1130 entstanden ist. Christus ist durch Lichtstrahlen mit den Aposteln verbunden, und in den ringsum angeordneten Kastenfeldern sind die Völker der Erde dargestellt, denen das Evangelium gebracht werden soll. Das romanische Relief – im Roman heißt es »im alten Stil« – drückt die Idee der Universalität der Kirche aus: das Einzelne als Symbol für das Allgemeine (→ VI. *Realismus*).

Der Kapitelsaal, der an Stelle der alten Abteikirche erbaut wurde, ist gotisch – ›im modernen Stil‹ (*S. 430*).

4 Die Bibliothek

Die Klosteranlage dominiert ein mächtiger quadratischer Bau mit je vier sechseckigen angebauten Türmen: das Aedificium. Dort befindet sich über der Küche und dem Refektorium (Speisesaal) das Skriptorium (Schreibsaal) und die eigentliche Bibliothek. Außer dem normalen Zugang gibt es noch zwei Geheimgänge zu diesem unheimlichen Hauptgebäude der Abtei. Der eine führt von der Krypta aus durch das Ossarium (Beinhaus) unterhalb des Friedhofes zur Küche, der andere direkt ins Zentrum des Labyrinths, ins Finis Africae, wo das geheimnisvolle Buch liegt. Dieser Weg wird dem Abt zur tödlichen Falle (→ IV. 2. Schauerroman).

Die Situierung der Bibliothek oberhalb der Küche entspricht gewiß nicht dem St. Galler Idealplan (→ VI. *Kloster*), der eine Trennung des Heiligen vom Profanen vorsah. Die Vereinigung von Kopf und Bauch ist eher die Wunschvorstellung eines heutigen Intellektuellen.

Das Skriptorium wird als ein großer Saal beschrieben (*S. 96f.*), der das im Licht verkörperte Geistesprinzip erstrahlen läßt. Die Definition des zur Schönheit Erforderlichen hat Eco fast wörtlich Thomas von Aquin entlehnt:

Grundriß der Bibliothek, wie er im Roman beschrieben ist.

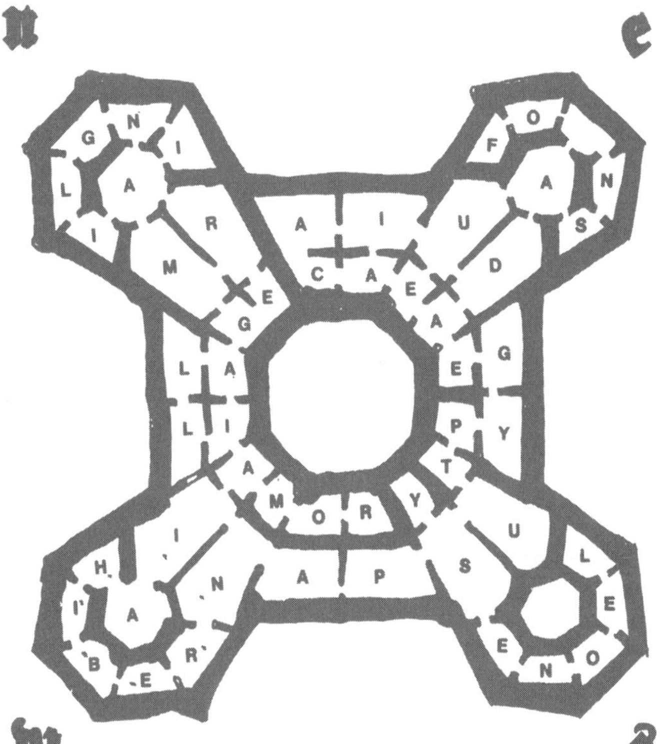

Zur Schönheit sind drei Dinge erforderlich. Erstens die Unversehrtheit oder Vollendung; die Dinge nämlich, die verstümmelt sind, sind schon deshalb häßlich. Ferner das gebührende Maßverhältnis oder die Übereinstimmung (der Teile). Und schließlich die Klarheit: deshalb werden Dinge, die eine strahlende Farbe haben, schön genannt.

(Zit. n. R. Assunto: *Theorie d. Schönen...*, S. 230)

Im Gegensatz zum Skriptorium ist die eigentliche Bibliothek ein Labyrinth, das nach einem geheimen Plan angelegt ist. Ecos Grundriß der Bibliothek (*S. 411*) gleicht dem ehemaligen Labyrinth auf dem Fußboden der Kathedrale zu Reims. Die Verschachtelung der Bücherkabinette hat ferner Ähnlichkeit mit der labyrinthischen Raumanordnung des Castel del Monte.

Versinnbildlicht die Benediktinerabtei als Gesamtkomplex die Ordnung Gottes und des Universums, so stellt die labyrinthische Bibliothek ein Symbol für das Labyrinth der Welt und damit eine ständige Gefährdung der göttlichen Ordnung dar. Aus diesem Grunde ist der Zutritt verboten; denn die Bibliothek als Spiegel der Welt bewahrt nicht nur christliche, sondern auch heidnische Bücher auf, Schriften von Ungläubigen, die vom Bibliothekar unter Verschluß gehalten werden.

Will ein Mönch ein Buch lesen oder kopieren, so muß er den Bibliothekar fragen. Er entscheidet dann, ob das gewünschte Werk dem christlichen Geist zuträglich ist (→ III. 3. Jorge, III. 6. Malachias).

Isidor von Sevilla (→ VI. Geschichtl. Hintergrund), der die Bildung des abendländischen Mittelalters wesentlich beeinflußt hat, unterschied nicht zwischen christlichen (guten) und heidnischen (bösen) Büchern, wie folgende Inschrift im Bibliotheksaal seines Bischofspalasts beweist:

»Sunt hic plura sacra, sunt mundialia plura;
Ex his si qua placent carmina, tolle, lege.
Prata vides plena spinis et copia floris;
Si non vis spinas sumere, sume rosas.

(Zit. n. E. R. Curtius: *Europ. Literatur und lat. Mittelalter*, S. 451)

Castel del Monte, Jagdschloß Friedrichs II. bei Corato in Apulien, Mitte des 13. Jahrhunderts erbaut (Außenansicht und Grundriß des Untergeschosses).

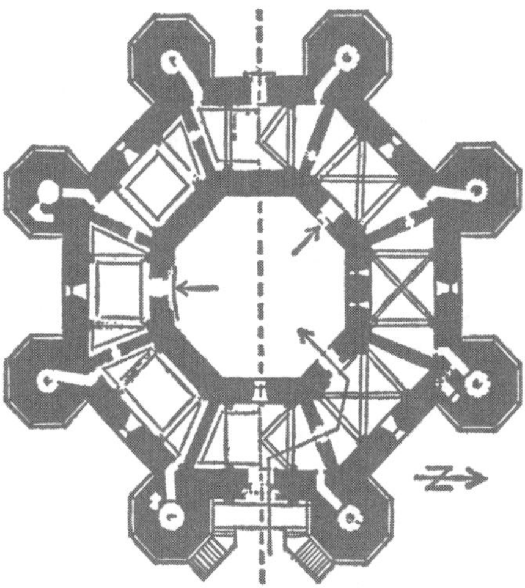

In einer ungefähren Übersetzung lauten diese Verse, die Isidor selber geschrieben hat:

Hier sind viele christliche und heidnische Bücher.
Wenn dir irgendwelche (!) gefallen, nimm und lies sie.
Du siehst Wiesen voll Dornen und Rosen.
Wenn du keine Dornen pflücken willst, dann pflücke Rosen.«

Interessant ist auch – außer der Verwendung der Rosensymbolik –, daß Eco das Zitat »tolle et lege« (*S. 633*) verwendet, das auf den heiligen Augustinus verweist. Der Kirchenheilige soll diese Worte bei seiner zweiten Bekehrung von einer kindlich-himmlischen Stimme vernommen haben (Augustinus: *Bekenntnisse VIII, 12;* vgl. *Johannes-Apokalypse* I, 1–3).

»Am Anfang war das Wort.« So beginnt das Johannes-Evangelium – und Ecos Prolog. Durch das Wort Gottes ist die Welt entstanden (*S. 17*→I. Aufbau des Romans), und das Wort kann die Welt auch zerstören. Um dieses gefährliche Wissen, um die Suche nach einem bestimmten Buch, geht es in diesem Roman. Es handelt sich dabei um das berühmte, verloren geglaubte zweite Buch der *Poetik*, in dem Aristoteles über die Komödie und das Lachen schreibt (→ III. 3. Jorge), und das in einem Raum ohne Fenster und Türen aufbewahrt wird. Da der Bibliothekar die zersetzende Kraft des Lachens fürchtet, darf niemand den Schatz entdecken. Die labyrinthische Anlage der Bibliothek mit ihren Zerrspiegeln, Visionen auslösenden Dämpfen und Inschriften aus der Apokalypse des Johannes soll zur Verschleierung und Verheimlichung des verbotenen Wissens dienen.

Als William am Ende das Buch doch entdeckt, verschlingt es Jorge, und bei einem Handgemenge geraten die Bibliothek und das ganze Kloster in Brand. Die apokalyptischen Visionen erfüllen sich (→ VI. *Apokalypse*). Die größte Bibliothek der Christenheit versinkt in Schutt und Asche. Übrigbleiben nur unzusammenhängende Pergamentfetzen der wertvollen Handschriften und ein Teil des Tympanons über dem Kirchenportal, das eine Vision aus der Apokalypse des Johannes darstellt.

Die Bruchstücke (disiecta membra) der Bücher sammelt der alte → Adson ein und versucht, sie zu deuten und zu ergänzen.

Jorge Luis Borges, der große argentinische Schriftsteller und Gelehrte, hat mit der Erzählung *Die Bibliothek von Babel* (1970) nicht nur ein ziemlich genaues Vorbild für Ecos Bücherlabyrinth geliefert, sondern dort auch das Modell der totalen, unendlichen Bibliothek geschaffen, die letztlich aus nur einem Buch bestehen kann, weil es alle anderen enthält. Borges' Geist prägt *Den Namen der Rose* so sehr (→ III. 3. *Jorge;* → V. Lit. Vorlagen), daß man den Roman auch als eine Hommage an ihn lesen kann.

III
Personen

Die im nachfolgenden nicht dargestellten Nebenfiguren sind entweder historischen Vorbildern entlehnt, wie der Inquisitor Bernard Gui, Michael von Cesena und Bertrand del Poggetto (→ VI. Geschichtl. Hintergrund), oder sie hätten als Typus in jener Epoche existieren können.

1 Adson

Der junge Adson als Seher

»›Du trägst einen großen und schönen Namen. Weißt du, wer Adson von Montier-en-Der war?‹« (*S. 111.*)

Natürlich kann der Novize Adson diese beinahe rhetorische Frage seines Meisters → William von Baskerville nicht beantworten und wird belehrt: »›Er war der Autor eines großen und erschütternden Buches, des *Libellus de Antichristo*, in welchem er Dinge sah, die eines Tages geschehen werden.‹« (*Ebenda.*)

Die seherischen Fähigkeiten des 18jährigen Benediktiners Adson (→ VI. *Benediktiner*), Sohn eines bayerischen Barons am Hofe von König Ludwig und auf Rat des Marsilius von Padua (→ VI. Geschichtl. Hintergrund) in die Obhut des Franziskaners William gegeben, sind dennoch nicht zu verachten. Schon beim ersten Anblick der mächtigen Klosteranlage erkennt er die kommenden Ereignisse (*S. 32, 62*), wie er als 80jähriger Chronist, nicht ganz frei von Stolz, berichtet.

Die nächste Vision übermannt ihn, als er das Tympanon über dem Kirchenportal (→ II. 2. Tympanon) bewundert (*S. 56ff.*). Adson wähnt sich im Tal des Jüngsten Gerichts, und gleich dem Apostel Johannes hört er die Stimme Gottes, die zu ihm spricht: »›Was du siehst, das schreibe in ein Buch!‹ (und eben dies tue ich nun)«, versichert der Greis Adson, der in der Abgeschiedenheit des Klosters Melk seine Chronistenpflicht erfüllt und den *Namen der Rose* niederschreibt.

Umberto Eco hat seinem ich-erzählenden Adson also nicht zu Unrecht den Namen des historischen Abtes Adson von Montier-en-Der gegeben, dessen prophetisch-apokalyptisches ›Buch vom Antichrist‹ aus dem Jahre 954 weiterwirkte, auch auf das Denken des Adson von Melk, der an der Schwelle des Todes die »Große Finsternis auf unsere vergreiste Welt« (*S. 634*) näherkommen sieht.

Mystische Schriften (→ VI. *Mystik*) haben den empfindsamen Jüngling tief beeindruckt und seine seherischen Fähigkeiten geformt.

Bei den nächtlichen Exkursionen in die labyrinthische Bibliothek obliegt Adson apokalyptischen Visionen. Vor seinen Augen verwandelt sich die Frau mit den nackten Brüsten aus der Johannes-Offenbarung in die Große Hure von Babel, in die Jungfrau Maria und schließlich sogar in die liebreizende Margaretha, die Gefährtin Fra Dolcinos, die auf dem Scheiterhaufen endete (*S. 310f.*). Daraufhin erscheint Adson ein wunderschönes → Mädchen leibhaftig. Er erlebt sein erstes (und einziges) Liebesabenteuer und sieht in seinem Liebesschmerz die ganze Natur beseelt von der abwesenden Geliebten. Und wieder erfüllt sich eine seiner Visionen: Das Mädchen wird von dem Inquisitor Bernard Gui (→ VI. Geschichtl. Hintergrund) abgeführt und als Hexe verbrannt werden.

Als Adson in der Kirche die Mönche das ›Dies irae‹ intonieren hört, diesen im 13. Jahrhundert von dem Franziskaner Thomas von Celano geschriebenen Hymnus auf das Weltgericht, überkommt ihn eine große Traumvision, die das apokalyptische Geschehen in eine verkehrte Welt trans-

Das Jüngste Gericht von Giotto (1266–1337) in der Arenakapelle in Padua.

poniert (*S. 541 ff* → V. 2. Texte als Teil des Textes). Erst die Deutung dieser Traumzeichen bringt William auf die richtige Fährte zur Lösung des Geheimnisses: ins Finis Africae.

So geben die überreizten Nerven des Adlatus Adson – dessen zweiter Namensvetter Dr. Watson heißt – dem scharfen Intellekt seines Herrn und Meisterdetektivs William alias Sherlock Holmes (→ IV. 1. Kriminalroman) den entscheidenden Hinweis, auch wenn Adson selbst das verborgen bleibt.

Der alte Adson als Chronist

Gemäß der Lehre seines ehemaligen Meisters William will Adson die Ereignisse des Spätherbstes 1327 »als Zeichen von Zeichen« (*S. 17*) festhalten, damit sie von der Nachwelt entziffert werden können. Dennoch hat Adson nicht die naturwissenschaftlichen und philosophischen Meinungen seines Lehrers übernommen.

Adsons Vorbilder sind Thomas von Aquin, Bernhard von Clairvaux und Dionysios Areopagita (→ VI. Geschichtl. Hintergrund). Wenn Adson über das zur Schönheit Erforderliche schreibt, zitiert er wörtlich Thomas von Aquin (→ II. 4. Die Bibliothek). Seine philosophisch-theologischen Anschauungen sind hingegen von der Lichtmetaphorik (*S. 134, 181*) geprägt, wie sie vor allem in den Schriften von Dionysios Areopagita und Bernhard von Clairvaux zum Ausdruck kommt. Gleich dem heiligen Bernhard tadelt Adson die Hoffart des Wissens, der Neugierde, der Wißbegierde. (*S. 231, 233f., 502, 631*: »›Stets bete ich, Gott möge seine – Williams – Seele gnädig zu sich genommen und ihm die vielen Akte der Hoffart vergeben haben, die sein stolzer Geist ihn hatte begehen lassen.‹«) Bernhard lehrte: »Es ziemt sich nicht, Neues und Oberflächliches anzuhören, sondern das Alte und Echte, das zur Ehre der Kirche beiträgt und auch der Ehrwürdigkeit der Kirche entspricht« (zit. n. R. Assunto: *Theorie d. Schönen…* S. 197).

Die Niederschrift der Chronik ist Adsons große nominalistische Tat (→ I. Aufbau des Romans; → VI. *Nominalismus*). Er rekonstruiert eine »kleine Bibliothek als Zeichen jener verschwundenen großen, eine Bibliothek aus Schnipseln, Fragmenten, Zitaten, unvollendeten Sätzen, Ruinen und Torsi von Büchern« (*S. 633*). Dann überläßt sich Adson wieder dem melancholischen Schmerz über die Hinfällig-

Ansicht der mittelalterlichen Klosterfestung Melk nach einem Kupferstich von Merian (1649).

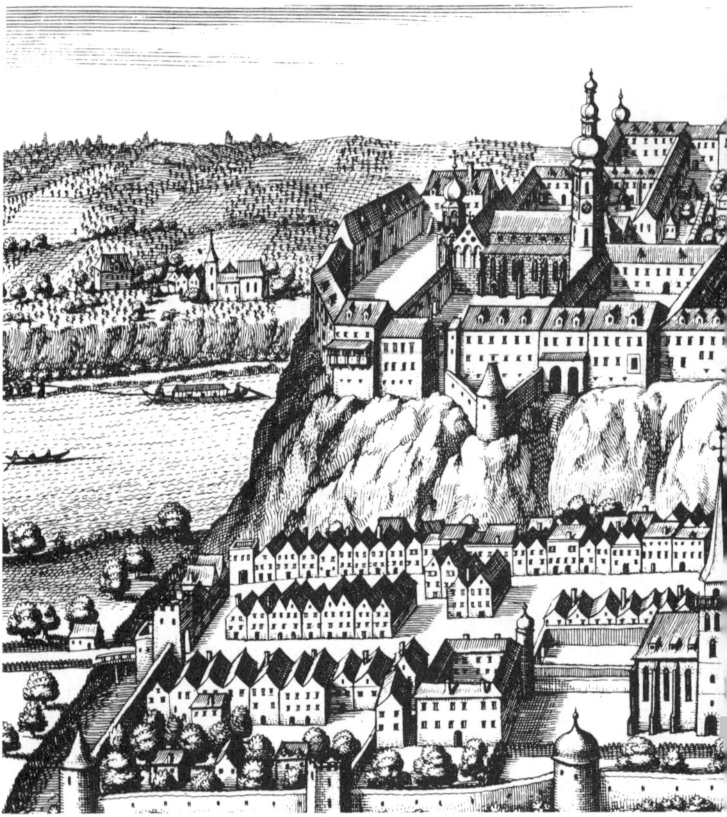

keit der Welt und des Lebens: »Est ubi gloria nunc Babylonia?« – Wo ist nun der Glanz Babylons? (*S. 634*; → V. Lit. Vorlagen). Doch in den mystischen Verheißungen des Dionysios Areopagita und Meister Eckhart (→ VI. Geschichtl. Hintergrund) findet Adson Trost, mag alles noch so sinnlos sein (*S. 634f.*; → V. Lit. Vorlagen; Eco zitiert noch Thomas a Kempis, Angelus Silesius und Johann Tauler): »Ich werde

versinken in der göttlichen Finsternis, in ein Stillschweigen und unaussprechliches Einswerden, und in diesem Versinken wird verloren sein alles Gleich und Ungleich, in diesem Abgrund wird auch mein Geist sich verlieren und nichts mehr wissen von Gott noch von sich selbst noch von Gleich und Ungleich noch von nichts gar nichts.« (*S. 634*)

Über die Vereinigung mit dem Unnennbaren schrieb Dionysios Areopagita:

»Und dann macht er sich los von allem, was gesehen werden kann und was sieht, und sinkt hinein in das wahre mystische Dunkel des Unerkennens, in dem er sein inneres Auge aller erkennenden Auffassung verschließt, und tritt ein in das ganz Unfaßbare und ganz Unsichtbare, ganz dem angehörend, der jenseits von allem ist, und niemandem mehr angehörend, weder sich noch einem anderen, geeint mit seinem Höchsten (auf die höchste Weise), mit dem völlig Unerkennbaren, durch das Stillstehen aller Erkenntnis, übergeistig erkennend dadurch, daß er nichts erkennt.«

(Zit. n. K. Flasch: *Geschichte der Philosophie*, S. 158.)

Und der letzte Satz des *Tractatus logico-philosophicus* (1921) von Ludwig Wittgenstein (1889–1951) heißt: »Wovon man nicht sprechen kann, darüber muß man schweigen.«

2 William von Baskerville

William von Baskerville ist der Held des Romans. Er ist eine schillernde, moderne Figur; mit den Füßen im Mittelalter und dem Kopf in der Neuzeit, wenn nicht gar in der Gegenwart.

Den Vornamen hat er von einer großen Autorität und seinem Vorbild Wilhelm von Ockham (→ VI. Geschichtl. Hintergrund), den Beinamen von Sherlock Holmes' berühmtem Fall ›Der Hund von Baskerville‹ (→ IV. 1. Kriminalroman). William ist wie Sherlock Holmes wahrlich ein Meisterdetektiv, und auch sein Aussehen (vgl. seine Beschreibung auf den ersten Seiten von Arthur Conan Doyles Roman *Studie in Scharlachrot*) zeugt von gewissen Ähn-

»So war er, mein Herr und Meister. Er vermochte nicht nur im großen Buch der Natur zu lesen, sondern auch in der Art und Weise, wie die Mönche gemeinhin die Bücher der Schrift zu lesen und durch sie zu denken pflegten« (*S. 35*).
Sean Connery als William von Baskerville.

»Meine Eltern gaben mich in die Obhut eines gelehrten Franziskaners, des Bruders William von Baskerville… So wurde ich sein Adlatus und sein Schüler zugleich« (*S. 20f.*).
Christian Slater als Adson von Melk.

lichkeiten. Aber es gibt noch einen berühmten Ahnen: den mittelalterlichen Beda-Forscher Roger Aubrey Baskerville Mynors, den Eco im Vorwort zu seiner Beatus-Edition (→ VI. *Apokalypse*) im Zusammenhang mit Bedas Apokalypse-Kommentar erwähnt. Beda Venerabilis (672–735) hat als angelsächsischer Mönch sein ganzes Leben der Wissenschaft geweiht und war einer der bedeutendsten Gelehrten seiner Zeit.

Und schließlich hat Baskerville noch einen anderen Anspielungshintergrund: Das ist eine Drucktype, benannt nach dem englischen Schriftgießer und Buchdrucker John Baskerville (1706–1775).

William von Baskerville, ein etwa 50jähriger Franziskaner (→ VI. Geschichtl. Hintergrund), erfüllt eine kaiserliche Mission (*S. 41*) und wird vom Abt → Abbo mit der Aufklärung des Verbrechens beauftragt. Als ehemaliger Inquisitor (*S. 82*) scheint er der richtige Mann dafür zu sein. Er erinnert sich des Grundsatzes: »›Wir müssen die Schwachen packen, wenn sie am schwächsten sind‹« (*S. 143*). Als er erkannte, daß die Schwächen der Übeltäter auch die Schwächen der Heiligen sind, gab er den Beruf des Inquisitors auf und studierte in seiner Heimatstadt Oxford Naturwissenschaften (*S. 83f.*). Dort machte er die Bekanntschaft mit Marsilius von Padua, wurde Schüler von Roger Bacon (→ VI. Geschichtl. Hintergrund; *S. 86*) und führte mit seinem Freund William von Ockham unendlich viele Diskussionen (*S. 263*).

William von Baskerville und Marsilius von Padua

William teilt die staatspolitischen Ansichten des Marsilius von Padua. Dies zeigt sich deutlich, wenn William den Legaten seine Konzeption der weltlichen Herrschaft erläutert und dafür aus Marsilius' Traktat *Defensor pacis* (*Der Verteidiger des Friedens*) zitiert. Man vergleiche zum Beispiel Williams Ausführungen (*S. 451f.*) mit folgenden Abschnitten:

… Gesetzgeber oder erste und spezifische bewirkende Ursache des Gesetzes ist das Volk oder die Gesamtheit der Bürger oder deren Mehrheit durch ihre Abstimmung oder Willensäußerung, die in der Vollversammlung der Bürger in einer Debatte zum Ausdruck gekommen ist; (diese Mehrheit) schreibt vor oder bestimmt unter zeitlicher Buße oder Strafe, daß im Zusammenleben der Menschen etwas getan oder unterlassen werden soll: die Mehrheit, sage ich – unter Berücksichtigung der Zahl und Bedeutung der Personen –, in jener Gemeinschaft, für die das Gesetz gegeben wird, mag die vorhin genannte Gesamtheit der Bürger oder deren Mehrheit das selbst unmittelbar erledigen, mag sie es einem oder einigen zur Erledigung überweisen, die an und für sich nicht Gesetzgeber sind und es nicht sein können, sondern nur zu einem bestimmten Zwecke und nur manchmal und nur kraft Ermächtigung durch den primären Gesetzgeber.

§ 4 Bürger nenne ich nach Aristoteles Pol. B. 3, Kap. 1, 3 und 7, wer in der staatlichen Gemeinschaft an der regierenden, beratenden oder richterlichen Gewalt teilhat, je nach seinem sozialen Rang. Diese Beschreibung schließt von den Bürgern die Knaben, die Sklaven, die Fremden und die Frauen aus, wenn auch in verschiedenem Sinne. Denn Knaben von Bürgern sind künftige und potentielle Bürger, nur genügt das Alter noch nicht. Die Mehrheit aber muß man auffassen nach der guten Gewohnheit der Staaten, oder man muß sie bestimmen nach der Meinung des Aristoteles Pol. B. 6, Kap. 2.

(Marsilius von Padua: *Der Verteidiger des Friedens*, S. 53 f.)

William von Baskerville und Roger Bacon

Von Roger Bacon hat William das Interesse an wundersamen Maschinen geerbt. So ist er stolz auf seine Brille – die jüngste technische Errungenschaft seiner Zeit – und ganz besonders auf seine eigene Konstruktion eines Kompasses. Und wie Roger Bacon und dessen Lehrer Robert Grosseteste (→ VI. Geschichtl. Hintergrund) glaubt William an die Vernunft und (lange Zeit) an die Erklärbarkeit der Welt mittels logischer Experimente: Es muß eine Regel geben, nach der man von den Wirkungen auf die Ursachen schließen kann. Diese induktive Methode (Grossetestes Geometrieprinzip) wendet William bevorzugt – letztlich aber vergeblich – bei der Verbrechensaufklärung an: »Alle Ursachen natürlicher Wirkungen müssen durch Strecken, Winkel und geometrische Figuren angegeben werden. Auf andere Weise ist es nicht möglich, von den Wirkungen auf die Ursachen zu schließen.« (Zit. n. H.-J. Bachorsky: *Lektüren,* S. 164.)

Mönch mit Sehrohr. Die runde Scheibe wurde später ausgeschnitten. Der Text ist vermutlich um 1000 in St. Gallen geschrieben worden.

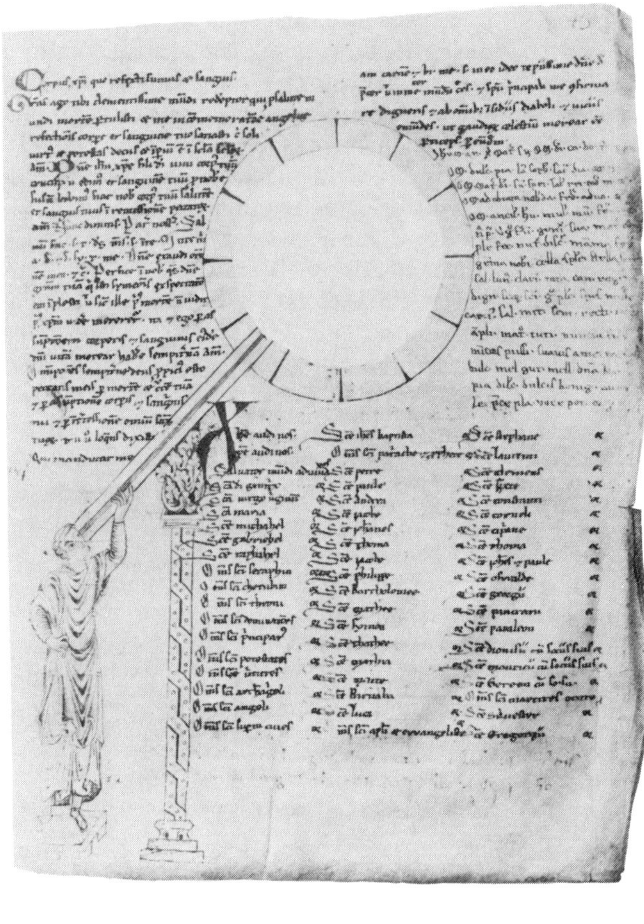

Im Namen Bacons glaubt William an die Welt verändernde und verbessernde Kraft der neuen Wissenschaft von der Natur. *(S. 261 f.)* Und indem Eco die traditionellen theologischen Ansichten Bacons bei William ausspart, macht er aus ihm in gewisser Weise einen modernen Empiristen.

William von Baskerville und Wilhelm von Ockham

Das Denken des Franziskaners William von Baskerville wird von den philosophischen Ansichten seines Ordensbruders und Freundes Wilhelm von Ockham geprägt. Von ihm hat William den Nominalismus (→ VI. *Ockhams Nominalismus*) übernommen; denn als Inquisitor vertrat William zweifelsohne den Standpunkt des Realismus (→ VI. *Realismus; Universalienstreit*). William hat also eine bemerkenswerte Wandlung vollzogen: vom katholischen Falken, der über die Reinheit des Glaubens wachte, zur freidenkenden Taube im kaiserlichen Lager (→ VI. *Ludwig der Bayer*). Aus dem Dogmatiker ist ein Skeptiker geworden, der seinem Schüler Adson als Summe seiner Erfahrung mit auf den Weg gibt: »›Fürchte die Wahrheitspropheten, Adson, und fürchte vor allem jene, die bereit sind, für die Wahrheit zu sterben…‹« (*S. 624*). Dieses Credo leitet sich aus Williams nominalistischer Philosophie her, die Ideen mißtraut, ihnen Allgemeingültigkeit aberkennt und statt dessen die Einmaligkeit der einzelnen Dinge und Lebewesen in den Mittelpunkt stellt (z. B. *S. 41*).

Die Wahrheitspropheten fürchten das Lachen, verbieten es und verbergen das zweite Buch der Aristotelischen *Poetik* über die Komödie (→ 3. *Jorge*). Williams Ziel ist es, diesen Schatz zu entdecken und zu bergen, um die Kraft des Lachens für die Vernunft nutzbar zu machen. Bei seiner aufklärerischen Detektivarbeit wendet er alle logischen Methoden des Spuren- und Zeichenlesens an:

Deduktive Methode

Regel: Alle Bücher aus dem Finis Africae sind gefährliche Lügen.

Fall: Diese Bücher sind aus dem Finis Africae.
Resultat: Diese Bücher sind gefährliche Lügen.

Induktive Methode
Fall: Diese Bücher sind aus dem Finis Africae.
Resultat: Diese Bücher sind gefährliche Lügen.
Regel: Alle Bücher aus dem Finis Africae sind gefährliche Lügen.

Abduktive Methode
Regel: Alle Bücher aus dem Finis Africae sind gefährliche Lügen.
Resultat: Diese Bücher sind gefährliche Lügen.
Fall: Diese Bücher sind aus dem Finis Africae.

(Die abduktive Methode stellt eine Hypothese auf und folgert daraus in Form eines Syllogismus [→ VI. Geschichtl. Hintergrund] den Wahrscheinlichkeitsschluß.)

William von Baskerville bedient sich bei seiner detektivischen Arbeit aller drei Methoden (z. B. *S. 40, 336f., 390f.*). Dennoch scheitert er letztlich doppelt – er kann weder die weiteren Morde verhindern noch das Buch des Aristoteles retten –, weil er einem falschen Denkmodell folgte. Er glaubte nämlich in realistischer mittelalterlicher Philosophietradition – seiner Vergangenheit kann eben auch William nicht entkommen –, daß alle Verbrechen nach *einer* (!) Regel geschehen, daß sie Zeichen *einer* (!) Ordnung sind. Zu spät merkt William (*S. 531, 597*), daß sein Modell falsch ist, daß es überhaupt keine alles erklärende Regel und Ordnung gibt.

Zum Schluß läßt Eco seinen gescheiterten Nominalisten William eine sprachphilosophische Erkenntnis Ludwig Wittgensteins vorwegnehmen:

»Die Ordnung, die unser Geist sich vorstellt, ist wie ein Netz oder eine Leiter, die er sich zusammenbastelt, um irgendwo hinaufzugelangen. Aber wenn er dann hinaufgelangt ist, muß er sie wegwerfen, denn es zeigt sich, daß sie zwar nützlich, aber unsinnig war. ›*Er muoz gelîchesame die leiter abewerfen, sô er an ir ufgestigen*‹... Sagt man so?« (*S. 625*)

In Wittgensteins *Tractatus logico-philosophicus* (1921) steht als vorletzter Satz:

»Meine Sätze erläutern dadurch, daß sie der, welcher mich versteht, am Ende als unsinnig erkennt, wenn er durch sie – auf ihnen – über sie hinausgestiegen ist. (Er muß sozusagen die Leiter wegwerfen, nachdem er auf ihr hinaufgestiegen ist.)«

Williams Kraut

Obgleich William ein rationalistischer Logiker ist, verachtet er nicht intuitive Erkenntnisse. Häufig kaut er eine »Visionen erzeugende Kräutersubstanz« (*S. 23*), um dem Geheimnis auf die Spur zu kommen. Einen versteckten Hinweis, um welches Kraut es sich dabei handelt, hat Eco in den Text eingeschrieben (*S. 24*). Es dürfte sich um den Stechapfel handeln, dessen narkotisierende Wirkung es William angetan hat.

Der Stechapfel (lat. Datura) ist eine Giftpflanze mit Trichterblüten und gehört zur Gattung der Nachtschattengewächse. Die Blätter riechen besonders beim Welken betäubend, schmecken bitter, salzig und gehören, wie die nierenförmigen, flachgedrückten, braunen, ölig und scharfbitterlich schmeckenden Samen, zu den narkotischen Giften.

Schon Theophrast beschrieb in der Antike die pharmazeutische Bedeutung des Stechapfels, und natürlich verwendete man den mohnartigen Samen zur Bereitung von Berauschungsmitteln.

3 Jorge von Burgos

Jorge von Burgos, der blinde Greis, ist der eigentliche Herrscher im Labyrinth der Bibliothek. Der offizielle Bibliothekar → Malachias fungiert nur als Strohmann, der Jorge bedingungslos zu Willen ist.

Jorge, dessen Aussehen etwas Unheimliches hat, ist in der ganzen Abtei omnipräsent: ein apokalyptischer Prediger und unerbittlicher Verteidiger der Ordensregeln. Er kennt als einziger alle Geheimnisse der Bibliothek, alle (!) Bücher, wacht darüber und verteidigt das Wissen.

Jorge gleicht jenem Bibliothekar aus der *Bibliothek von Babel* von Jorge (!) Luis Borges (→ II. 4. Die Bibliothek, V. Lit. Vorlagen), der in einem Geheim-Sechseck des labyrinthischen Universums der Bibliothek das totale Buch, das alle anderen enthält, gefunden hat und so Gott ähnlich geworden ist.

Jorge Luis Borges (1899–1986), der bis 1973 Direktor der ›Biblioteca Nacional‹ von Buenos Aires war und dann erblindete, hat in seinen Erzählungen die Welt als Labyrinth dargestellt. Daß Borges' Geisteswelt nicht nur die Figur des Jorge, sondern auch den ganzen Roman beeinflußt hat, ist offensichtlich.

Der blinde Seher Jorge erkennt wie kein anderer Mönch die tatsächlichen Gefahren für die Abtei vollkommen richtig: »›Was in unseren Mauern geschehen ist, birgt nichts anderes als das Schicksal des Jahrhunderts, in welchem wir leben.‹« (*S. 511*). Deshalb bekämpft er alles Neue und verteidigt die Tradition. In philosophischen Fragen heißt Jorges' Autorität Bernhard von Clairvaux (→ VI. Geschichtl. Hintergrund). Ihn zitiert er häufig, so zum Beispiel, wenn er die Miniaturen des toten Malers Adelmus verurteilt, die monströse Fabelwesen in einer verkehrten Welt zeigen (*S. 107f.*).

In seiner großen Bußpredigt (*S. 507ff.*) macht Jorge die Hoffart des Spiels mit der Macht, des Reichtums und des Wissens für die Verbrechen verantwortlich. Man lese zum Vergleich folgende Passagen aus Bernhards *Predigten über das Hohelied*:

»Der christliche Glaube bedarf der Wissenschaft nicht, und der einzelne Christ erreicht sein Ziel ohne alle Wissenschaft. Für den Christen ist entscheidend nicht die Gelehrsamkeit, sondern die Reinheit des Gewissens und ungeheuchelter Glaube.« Und etwas weiter: »Es gibt Menschen, die das Wissen wollen, lediglich um zu wissen (scire colunt ut sciant), das ist schändliche Neugier.« (Zit. n. *Exempla historica,* S. 37 f.)

Jorge vertritt wie Bernhard von Clairvaux die Philosophie des Realismus (→VI. Geschichtl. Hintergrund). »›Wer zweifelt, wende sich an eine Autorität, befrage die Schriften eines heiligen Vaters oder Gelehrten, und schon endet jeder Zweifel.‹« (*S. 170*). Wer aber mittels der Vernunft die Wahrheit der christlichen Dogmen prüfen will wie der Nominalist Abaelard (→ VI. Geschichtl. Hintergrund), ist ein gefährlicher Feind.

Aus diesem Grund unterscheidet Jorge zwischen Büchern, die die Wahrheit und solchen, die die Lüge enthalten. Zu letzteren zählen die heidnischen, d. h. die arabischen Schriften, vor allem Averroës' und die seiner abendländischen Adepten (→ VI. *Arabische Wissenschaften, Averroës, Avveroismus*) und das zweite Buch der *Poetik* des Aristoteles (→ VI. *Aristotelismus*), in dem er über die Komödie und das Lachen schreibt. Dieses gefährliche Werk, dessentwegen die Morde geschehen, verbirgt Jorge im Finis Africae; denn wenn das Lachen wie bei Aristoteles in den Rang einer Wissenschaft erhoben wird, verschwindet die Angst vor dem Teufel und eine fundamentale Weltveränderung könnte daraus entstehen: das kritische Lachen als Philosophie der permanenten Revolution.

Mit der Macht der alten Autoritäten versucht Jorge dies zu verhindern. Er ermahnt an die Regeln des heiligen Benedikt, die u. a. auch das Lachen untersagten: »Seinen Mund vor böser und verkehrter Rede bewahren. Nicht gerne viel reden. Hohles Gerede und Possen sich nicht gestatten. Vieles und zu lautes Lachen nicht lieben. – Leichtfertiges oder müßiges und zum Lachen reizendes Geschwätz verbannen und verdammen wir für immer und überall.« Und als »zehnte Stufe der Demut« fordert die Regel: »Nicht gern und schnell zum Lachen bereit sein, weil geschrieben steht: ›Der Tor bricht in Lachen aus.‹« (Zit. n. H.-J. Bachorsky: *Lektüren,* S. 195 f.)

Als Jorge die Katastrophe, die Entdeckung des verloren geglaubten Aristoteles-Textes über das Lachen, der tatsächlich existiert hat, nicht mehr verhindern kann, verwandelt sich Jorge zum Antichrist (→ VI. Geschichtl. Hintergrund), bricht in ein teuflisches Lachen aus und verschlingt das Buch, damit das Wissen bei ihm bleibt. Die Anspielung auf die Johannes-Apokalypse X, 10 (→ V. 2. *Apokalypse*) ist evident: »Da nahm ich das kleine Buch aus der Hand des Engels und aß es. In meinem Mund war es süß wie Honig. Als ich es aber gegessen hatte, wurde mein Magen bitter.«

Einer Legende zufolge soll der Philosoph Avicenna (→ VI. Geschichtl. Hintergrund) die einzigartige Bibliothek zu Buchara 998 in Brand gesteckt haben, damit er als einziger im Besitz dieses Wissens blieb.

4 Abbo von Fossanova

1274 starb Thomas von Aquin im Kloster Fossanuova. Einer Legende gemäß konnte der massige Leichnam nur mit größter Mühe die Wendeltreppe hinabgetragen werden. Diese Leistung schreibt Umberto Eco Abbo von Fossanova zu – als dessen angeblich einzige.

Für die Wahl des Namens wird kaum aufschlußreich sein, daß es im 9. Jahrhundert einen Abbo von St. Germain gab und ein Jahrhundert später einen Abbo von Fleury, einen Vorkämpfer der Klosterreform. »Abt Abbo«, ital. abate Abbone, dürfte vielmehr als sprechender Name für den Abt schlechthin zu verstehen sein.

Das historische Vorbild für Abbo von Fossanova ist jedoch zweifelsfrei Abt Suger von St.-Denis. Ihn charakterisiert Erwin Panofsky (→ V. 2. Texte als Teil des Textes) in seiner exzellenten Studie *Abt Suger von St.-Denis* folgendermaßen:

Als Vorsteher und Reorganisator einer Abtei, die an politischer Bedeutung und territorialem Reichtum die meisten Bistümer übertraf, als Regent Frankreichs während des zweiten Kreuzzuges und als der

›getreue Ratgeber und Freund‹ zweier französischer Könige zu einer Zeit, als die Krone nach einer Periode großer Schwäche allmählich wieder ihre Macht zurückerlangte, ist Suger (geboren 1081 und Abt von St.-Denis von 1122 bis zu seinem Tod 1151) eine überragende Gestalt in der Geschichte Frankreichs; nicht ohne Grund hat man ihn den Vater der französischen Monarchie genannt, die ihren Höhepunkt im Staat Ludwigs XIV. finden sollte. Indem er die Schlauheit eines großen Geschäftsmannes mit einem natürlichen Gerechtigkeitssinn und persönlicher Redlichkeit (*fidelitas*) verband, anerkannt selbst von denjenigen, die ihn nicht wirklich mochten, konziliant und der Gewaltsamkeit abhold, dennoch unbeirrbar und nicht ohne körperlichen Mut, rastlos tätig und dennoch ein wahrer Meister in der Kunst, den rechten Augenblick abzuwarten, ein Genie des Details und dennoch imstande, die Dinge in perspektivischem Zusammenhang zu sehen, stellte er diese widersprüchlichen Begabungen in den Dienst zweier Ambitionen: Er wollte die Macht der französischen Krone stärken, und er wollte die Größe der Abtei von St.-Denis mehren.

(E. Panofsky: *Sinn und Deutung in der bildenden Kunst,* S. 126)

Abbo ist zwar nicht Berater des Kaisers, aber er sympathisiert mit ihm (*S. 195*), und wie Suger ist er bekannt für sein diplomatisches Geschick. Seine Abtei wurde als Ort für das Zusammentreffen der päpstlichen und der kaiserlichen Delegation gewählt. Aus den politischen Zwistigkeiten will sich jedoch Abbo gleich seinem Vorbild heraushalten. Beide interessieren sich mehr für den Ruhm und Glanz ihrer Abteien. Abbo/Suger verurteilt nicht wie Jorge/Bernhard die Monstren des toten Adelmus (*S. 45*), denn ihre Autorität – auctoritas –, der heilige Augustinus, bezeichnete das Häßliche als notwendige Antithese zur Schönheit:

Diese Ordnung und Einteilung, die die Einheitlichkeit des Alls gerade durch die Unterschiede bewahrt, bewirkt, daß auch das Böse notwendig ist. So entsteht geradezu aus den Antithesen, d. h. aus den Gegensätzen, die uns auch in der Prosa gefallen, zugleich auch die Schönheit aller Dinge.

(Zit. n. R. Assunto: *Theorie d. Schönen...,* S. 162)

Abt Suger weihte 1144 seine Kirche ein, die als Gründungsbau der gotischen Architektur am Anfang einer langen Entwicklung stand. Abbos Abteikirche weist zwar nur einzelne ›moderne‹ (gotische) Stileigenschaften auf, der große Saal des Skriptoriums aber wird bestimmt von gotischer Lichtmetaphorik, wie sie der Neuplatonismus hervorgebracht hat. Wenn Abbo das im Licht verkörperte Geistesprinzip erläuert, zitiert er fast wörtlich Thomas von Aquin, auch wenn er dessen Namen nicht nennt (*S. 97*; → II. 4. Die Bibliothek). Abbos Prunksucht und Stolz auf die Reichtümer seiner Abtei haben ihr detailgenaues Vorbild in Suger. (*S. 182ff.*; V. Lit. Vorlagen). Der Glanz und die Schönheit des Goldes und der Edelsteine spiegeln den Glanz und die Schönheit Gottes wider. Abbos/Sugers Autorität ist der Pseudo-Dionysios Areopagita, der um 600 lebte (→ VI. *Dionysios Areopagita*).

Diesem Schönen verdanken alle Wesen, daß sie nur der ihnen entsprechenden Weise schön sind; und durch das Schöne bestehen die Harmonien des Alls, Freundschaften und Gemeinschaften. Durch das Schöne ist alles geeint. Urbeginn von allem ist das Schöne, weil es die hervorbringende und alles bewegende Ursache ist und alles durch die Liebe zur eigenen Schönheit zusammenhält. Das Schöne ist auch Endabschluß von allem und als Zielursache liebenswert (denn alles *wird* um des Schönen willen). Es ist ferner vorbildliche Ursache, weil nach ihm alles bestimmt ist. Deshalb ist auch das Schöne identisch mit dem Guten, weil alles nach jeder ursächlichen Hinsicht das Schöne und das Gute erstrebt; und es gibt kein Wesen, das nicht an dem Schönen und Guten Anteil hat.

(Pseudo-Dionysios Areopagita,
zit. n. R. Assunto: *Theorie d. Schönen…*, S. 164f.)

5 Ubertin von Casale

Die Romanfigur des Ubertin von Casale entspricht exakt ihrem historischen Vorbild (→ VI. *Ubertino von Casale*); lediglich die Flucht zu König Ludwig dem Bayern (→ VI. Geschichtl. Hintergrund) läßt Eco zwei Jahre später geschehen.

Ubertin, der unverkennbar Gefallen an dem Novizen Adson gefunden hat, wird als ekstatischer Mystiker (→ VI. *Mystik*) geschildert.

Der Cluniazensermönch Bernhard von Morlay (Morlas) hat um 1140 in seinem Traktat *De contemptu mundi* (*Von der Verachtung der Welt*) die Schlechtigkeit der Welt und des Menschen, besonders des Weibes, angeprangert: »... gemacht aus schmutzigstem Samen, empfangen im Kitzel des Fleisches« (zit. n. J. Huizinga: *Herbst des Mittelalters*, S. 311). Von solchen Vorstellungen durchdrungen, warnt der Greis den Knaben vor der Begierde des Fleisches: »›Denn wisse, stets ist es das Weib, mit dessen Hilfe der Dämon in die Herzen der Männer eindringt‹« (*S. 289*).

Diese Verachtung der Liebe hat Ubertin vergeistigt zu einer mystischen Marienverehrung, wie sie Bernhard von Clairvaux (→ VI. Geschichtl. Hintergrund) gepredigt hat:

Maria, sage ich, ist jener wundervolle, unvergleichliche Stern, der hoch über dem weiten Meer schimmert im Glanz herrlicher Verdienste und durch sein Beispiel leuchtet. Du merkst es selbst, im Strudel dieses Lebens wirst du mehr von Wind und Wetter hin und her geworfen und wandelst nicht so sicher auf deinen Wegen. Willst du, daß dich die Brandung nicht verschlinge, so halte dein Auge unverwandt auf diesen funkelnden Stern. Toben Stürme der Versuchung in dir, fährst du auf die Klippen der Trübsal auf, dann schau nach dem Stern aus, ruf zu Maria. Schleudern dich die Wogen der Hoffart, der Ehrsucht, Ehrabschneidung, Eifersucht umher, schau nach dem Stern aus, ruf zu Maria. Zorn und Habgier und Lockungen des Fleisches erschüttern das Schifflein deines Geistes – schau auf zu Maria. Wenn du verstört durch entsetzliche Meintat, verwirrt durch ein böses Gewissen, geschreckt durch das kommende Gericht daran bist, in einem Abgrund von Trostlosigkeit und im tiefen Schlund der Verzweiflung zu versinken, denk an Maria. In Gefahr, in harter Not, in Zweifeln, denk an Maria, ruf zu Maria. Ihr Name weiche nie von deinen Lippen, nie aus deinem Herzen... Ist sie dir gütig, wirst du glücklich ans Ziel gelangen und so an dir selbst erfahren, daß es mit Recht heißt: ›Der Name der Jungfrau war Maria.‹

(Zit. n. *Exempla historica*, S. 33).

Ubertin von Casale scheint seine Tage im Kloster zu Füßen der gotischen Marienstatue in einer Ecke der Kirche zu verbringen. Nach Adsons Beschreibung muß die Muttergottes eine starke erotische Ausstrahlung gehabt haben: »... die

Lippen umspielt von einem unbeschreiblichen Lächeln, der Leib vortretend, das Kind im Arm, gekleidet in ein anmutiges Gewand mit feinem Korsett.« (*S. 66*). Diese Jungfrau Maria, deren Symbol die Rose ist, gleicht ganz verblüffend der *Madonna mit Kind* (um 1450) von Jean Fouquet.

Bedenkt man, daß den Spiritualen – und Ubertin zählte zu ihnen – Unzucht mit Frauen nachgesagt wurde, so entbehrt seine mystische Marienminne nicht einer gewissen Pikanterie. Seine früheren Glaubensbrüder → Salvatore und der Kellermeister Remigius von Varagine frönen der Sinnenlust auch im Kloster heimlich weiter.

Madonna mit Kind von Jean Fouquet, um 1450 entstanden.

6 Malachias von Hildesheim

Malachias, der weder Griechisch noch Arabisch kann, und überhaupt nicht weiß, was er so eifersüchtig zu bewachen hat (*S. 534*), ist zwar offiziell der Bibliothekar, doch der eigentliche Herrscher im labyrinthischen Reich der Bücher heißt → Jorge.

Die Charakterisierung der Figur des bösen Mönchs Schedoni aus Ann Radcliffes Meisterwerk *Die Italienerin oder Der Beichtstuhl der Schwarzen Büßenden* (1779) diente Umberto Eco als Vorlage bei der Beschreibung Malachias' (*S. 98* → V. 2. Texte als Teil des Textes).

Die Vermutung liegt nahe, daß Eco aus Mario Praz' *Liebe, Tod und Teufel* zitiert, denn genau diese Textpassage findet sich dort.

7 Salvatore

Salvatore ist der Außenseiter im abgeschlossenen Mikrokosmos der Benediktinerabtei. Zu seinen Aufgaben gehört, heimlich Türen zur Außenwelt zu öffnen, um lüsternen Mönchen junge → Mädchen zuzuführen. Dabei wird er ertappt, vom gerade anwesenden Inquisitor Bernard Gui (→ VI. Geschichtl. Hintergrund), wegen Häresie verurteilt und dem weltlichen Arm zur Verbrennung übergeben. Das Mädchen ereilt das gleiche Schicksal: Die Außenseiter als Störenfriede des Systems werden ausgeschlossen und ausgerottet (→ VI. *Inquisition*).

Salvatore, der den ironischen Namen ›Retter‹ trägt, den Beinamen des Herrn ›Christus Salvatore‹, ist in zweifacher Hinsicht Außenseiter: wegen seines Aussehens und wegen seines Weltbildes. Er gleicht mehr den Monstern des toten Adelmus als einem Menschen. Wie Salvatore von Adson beschrieben wird – und selbst dem aufgeklärten William erscheint er als Bestie (*S. 87*) –, könnte er der leibhaftige Teufel sein, der Antichrist (→ VI. Geschichtl. Hintergrund):

Der Schädel kahlgeschoren, aber nicht aus Bußfertigkeit, sondern infolge der Tätigkeit eines grindigen Ausschlags, die Stirn so niedrig,
daß, hätte er Haare auf dem Kopf gehabt, sie zweifellos mit den dichten und struppigen Brauen zusammengewachsen wären, die Augen rund mit kleinen und flinken Pupillen, der Ausdruck schwankend zwischen Unschuld und Verschlagenheit, wahrscheinlich beides abwechselnd, je nachdem. Die Nase konnte man eigentlich kaum als solche bezeichnen, bestand sie doch nur aus einem Knochen, der zwischen den Augen vorsprang, um sich jedoch schleunigst wieder zurückzuziehen, so daß nur zwei dunkle Höhlen blieben, weiträumige Nasenlöcher voller schwärzlicher Haare. Der Mund, mit den Nasenlöchern durch eine Narbe verbunden, war breit und schief, rechts breiter als links, und zwischen der Oberlippe, die nicht existierte, und der dicken, wulstigen Unterlippe bleckten in unregelmäßigen Abständen schwärzliche Zähne, spitz wie die eines Hundes. (*S. 63*)

Salvatores Lebensgeschichte (*S. 236ff.*), die von Irrfahrten durch die Welt geprägt ist, ist keineswegs außergewöhnlich, vielmehr repräsentativ für die Masse der Mittellosen zu Beginn des 14. Jahrhunderts (→ VI. *Armut – Bauern*). Aus diesem Elend erklärt sich die Sehnsucht nach einer anderen Welt, nach einer Art Schlaraffenland (*S. 238*). Der leere Bauch, nicht theologische Ideen, machten ihn zum vagabundierenden Häretiker (→ VI. *Häresie; Apostler*). In Salvatores Sprache sind alle Stationen seines Lebens enthalten: eine babylonische Sprachenverwirrung.

Penitenziagite! Siehe, draco venturus est am Fressen anima tua! La mortz est super nos! Prego, daß Vater unser komm, a liberar nos vom Übel de todas le peccata. Ah, ah, hihihi, Euch gfallt wohl ista negromanzia de Domini Nostri Jesu Christi! Et anco jois m'es dols e plazer m'es dolors... Cave el diabolo! Semper m'aguaita, immer piekster und stichter, el diabolo, per adentarme le carcagna. Aber Salvatore non est insipiens, no no, Salvatore weiß Bescheid. Et aqui bonum monasterium, hier lebstu gut, se tu priega dominum nostrum. Et el resto valet un figo secco. Amen. Oder? (*S. 64*)

Im italienischen Original setzt sich Salvatores Sprache nur aus Brocken – disiecta membra – romanischer Sprachen zusammen; in der Übersetzung wurden deutsche hinzugefügt. Salvatore, dieses Monster mit der Sprache der primären Konfusion, verkörpert das Chaos innerhalb der schönen Ordnung des klösterlichen Kosmos mit der allgemeinverständlichen und -gültigen Sprache des Lateins. Isidor von Sevilla (→ VI. Geschichtl. Hintergrund) schrieb in seiner lateinischen Enzyklopädie (620–636) über *Die Sprachen der Völker:*

Die Verschiedenheit der Sprachen ist nach der Sintflut beim Bau des Turmes (von Babel, 1. Buch Moses 11, 9) entstanden. Denn bevor der Hochmut dieses Turmes die menschliche Gemeinschaft in verschiedene Zeichenlaute zerteilte, besaßen alle Stämme nur die eine Sprache, die heute Hebräisch heißt, Patriarchen und Propheten benutzten sie, nicht nur für ihre Reden, sondern auch in den Heiligen Schriften. Anfangs gab es so viele Sprachen wie Völker, nachher mehr Völker als Sprachen; denn aus einer Sprache gingen viele Völker hervor. Man sagt an dieser Stelle ›Sprachen‹ (*linguae*) und meint die Wörter, die durch die Zunge (*lingua*) gemacht werden. Das geschieht mit jener Redefigur, die das Bewirkte durch den Bewirker ausdrückt, so wie man gewöhnlich ›Mund‹ für ›Wörter‹ sagt oder ›Hand‹ für ›Buchstaben‹.

Drei Sprachen sind heilig, Hebräisch, Griechisch und Latein; sie ragen auf der ganzen Welt am meisten hervor.

(...)

Die Kenntnis sämtlicher Sprachen ist zwar für jeden schwierig zu erreichen, aber niemand ist so träge, daß er in seinem Volk lebt und die Sprache seines Volkes nicht beherrscht. Sonst müßte man ihn für geringer als die dummen Tiere halten. Denn sie bringen die ihrer Gattung eigenen Laute hervor; unterlegen ist ihnen der Mensch, der seine eigene Sprache nicht kennt.

(Zit. n. A. Borst: *Lebensformen im Mittelalter,* S. 305 ff.)

Im 31. Gesang des Inferno von Dantes *Divina Commedia* (1307–1321), dem ersten großen Werk in italienischer Sprache, begegnet man dem Monster Nimrod, dem Turmerbauer von Babel, in der Hölle:

Von einem konnt ich schon das Antlitz sehen
und Brust und Schultern und den Leib zum Teil
und beide Arme rechts und links hinunter.

Wahrlich, die Natur hat wohlgetan, die Formung
so ungeheurer Wesen aufzugeben
und ihre Faust dem Kriegsgott zu entziehen.

Oben:
»Oft saß er im Skriptorium auf einem Lehnstuhl nahe dem Kamin und schien alles, was in dem großen Saal vorging, aufs genaueste zu verfolgen... Er pflegte dann mit seinen erloschenen Augen ins Leere zu starren, als lese er Buchseiten, die er alle genauestens im Gedächtnis hatte« (*S. 166*).
Feodor Chapliapin, Jr., als Jorge von Burgos.

Rückseite oben:
»Er war ein ungefähr siebzigjähriger Dominikaner von hagerer, aber straffer und hoher Gestalt. Am meisten fesselten mich seine grauen und kalten Augen, die ihr Gegenüber ausdruckslos anstarren konnten« (*S. 384f.*).
F. Murray Abraham als Bernardo Gui.

Rückseite unten:
»Das Wesen in unserem Rücken schien ein Mönch zu sein, obwohl seine schmutzige und zerlumpte Kutte eher an einen Vagabunden denken ließ, und sein Gesicht war nicht unähnlich der Monster, die ich soeben an den Kapitellen gesehen« (*S. 63*).
Ron Perlman als Salvatore.

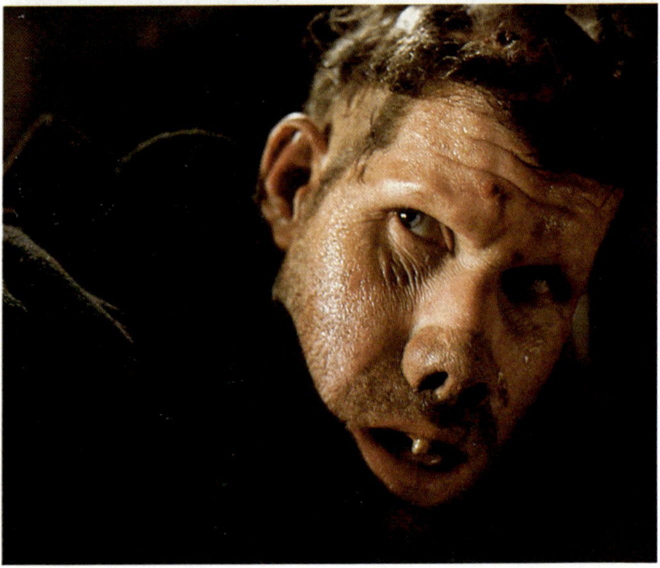

Wenn sie der Elefanten und der Wale
nicht müde wird, so muß man als gerecht
und weise ihren Ratschluß anerkennen;

denn, wo des Geistes Schärfe sich gesellt
zu wildem Trieb und ungestümer Kraft,
kann sich der Mensch nicht mehr dagegen wehren.

So lang und dick erschien mir sein Gesicht
als wie der Pinienzapfen vor Sankt Peter,
und dem entsprach der ganze Körperbau.

Der Uferrand, der ihn von Leibes Mitte
abwärts verdeckte wie ein Schurz, ließ aufwärts
noch so viel sehn, daß bis zu seinem Haupthaar

drei Friesen sich vergeblich recken würden;
denn volle dreißig Spannen konnt ich zählen
von Mantelkragen abwärts bis zur Mitte.

»Raphèl mai amèch zabì almì«,
rief er mit seinem fürchterlichen Maul,
dem sanftre Töne schlecht entsprochen hätten.

Mein Führer ihm entgegen: »Dumme Seele,
halt an dein Horn dich, blas dich tüchtig aus,
wenn Zorn, wenn Leidenschaften dich befallen.

Such doch am Hals, so findest du den Strick,
an dem es hängt! Siehst nicht, verwirrter Geist,
wie sich's um deine breite Brust herumlegt?«

Sodann zu mir: »Er zeigt sich selber an
als Nimrod, der er ist. Sein Unterfangen
zerschlug die Einheit im Gebrauch der Sprache.

Lassen wir ihn, verliern wir keine Worte,
denn jede Sprache ist für ihn genau,
wie seine für die andern, unverständlich.

8 Das Mädchen

Neben der asketischen Haltung zur Liebe, die sie verflucht, und der mystischen, die sie vergeistigt (→ 5. Ubertin), gibt es die Sittenlosigkeit, die sie erniedrigt.

Im Roman ist es das arme Bauernmädchen (*S. 316ff.*; → VI. *Armut – Bauern*), das sich für ein Stück Fleisch dem lüsternen Mönch Remigius verkauft (in Boccaccios *Decamerone*, 1348–1353, treten viele wollüstige Mönche auf). Das sprachlose Mädchen – sie kann kein Latein – erscheint → Adson als die schöne Jungfrau aus dem *Hohenlied* (→ V. Lit. Vorlagen). Die paar Worte, die das Mädchen in ihrem italienischen Dialekt zu Adson spricht, deutet er als Zeichen für: »Du bist jung, du bist schön... (*S. 314*). Das Mädchen gibt sich ihm hin, und selbst der alte Adson kann nicht vergessen, daß er in jener Nacht unsägliche Freude empfand. Doch das Mädchen wurde schon längst auf dem Scheiterhaufen als Hexe verbrannt (→ 7. Salvatore).

IV
Mehrere Romane in einem: zum Romantypus

Eine ›furiose Kriminalgeschichte‹ verspricht der Klappentext der deutschen Taschenbuchausgabe. Dieses Versprechen wird eingelöst, was dem Roman zu seinem ungeheuren Erfolg verhilft. Bereits seit den ersten Rezensionen wird jedoch auch betont, daß hier verschiedene Erzähltypen miteinander verwoben sind und somit der Text auf den verschiedensten Ebenen gelesen werden kann. Gerade diese Mischung aus Kriminalroman, Schauerroman, historischem, ideologischem und sogar politischem Schlüsselroman trägt zu dem schillernden Reiz des Buches bei, das damit ganz unterschiedlichen Lesertypen entgegenkommt.

1 Kriminalroman

Dem klassischen Kriminalroman entlehnt ist – natürlich – das Handlungsgefüge. Es geht um die Aufklärung einer Straftat, genauer gesagt: einer Serie von Morden ist ein von Anfang an als besonders scharfsinnig charakterisierter ›Detektiv‹ auf der Spur. Die Wiederholung der gleichen Straftat ist ebenfalls ein in der Kriminalliteratur beliebtes Muster, doch ist die Variation des Tathergangs in unserem Fall dem geistigen Umfeld des Geschehens angepaßt: die Todesfälle lassen sich unschwer mit den Ereignisfolgen der *Offenbarung des Johannes* in Übereinstimmung bringen. Da dieser Bibeltext auch sonst im Roman eine äußerst wichtige Rolle spielt (→ V. Lit. Vorlagen), drängt sich diese Parallelisierung

Das menschliche Wesen und seine Stellung im Kosmos
in der mystischen Vision von Hildegard von Bingen, einer Nonne
des 13. Jahrhunderts
(Manuskript des *Liber divinorum operum* von Lucques).

dem Nachforschenden geradezu auf. Daß sie sich letztendlich als blindes Motiv, nämlich als falsche Fährte erweisen soll, die ihrerseits jedoch die Auflösung in gewisser Weise vorantreibt, gehört auch zu den Schemata von Kriminalromanen.

Gleichfalls traditionell ist die Situierung des Falls an einem festumrissenen Schauplatz, der nie wechselt. Es handelt sich dabei um einen klar abgegrenzten, sogar umschlossenen Raum, den die Personen der Handlung nicht verlassen, solange diese andauert, und in den auch keine Außenstehenden, die an der eigentlichen Kriminalgeschichte beteiligt sein können, eindringen. Die Ankunft und Abreise der päpstlichen Gesandtschaft kann hier unberücksichtigt bleiben, da ein Teil der Morde vorher und ein Teil nachher verübt wird, und zwar auch dann noch, nachdem die angeblich Schuldigen bereits gefaßt sind. Der überschaubare Raum eines mittelalterlichen Klosters hat dabei die Funktion, Abbild der Welt im kleinen zu sein, ein ›Mikrokosmos‹ (*S. 248*), in dem die Vielfalt des Makrokosmos sich spiegelt. So ist es keinesfalls ein Ort hehrer menschlicher Tugend und Gottesfurcht, vielmehr sind die unterschiedlichsten Charaktere mit all ihren Schwächen, Fehlern und Lastern vertreten, und dementsprechend groß ist die Skala der möglichen Motive für die einzelnen Morde. Sie reicht von geistigem Hochmut, unstillbarem Wissensdrang, Eifersucht, Vertuschung früherer Taten bis zur Verheimlichung sexueller Beziehungen zwischen den Mönchen. Im Kloster als dem Spiegel der Welt prallen auch politische Systeme aufeinander: die Auseinandersetzung zwischen Kaiser und Papst wird ersichtlich durch die Verhandlung der beiden Delegationen; die innerkirchlichen Streitigkeiten spiegeln sich in den Diskussionen zwischen den Mönchen deutlich wider; für die sozialen Spannungen der Zeit steht die Beziehung des reichen Klosters zu den armen Dorfbewohnern.

Die Personenkonstellation ist mit der oben angeführten Ausnahme während der Zeit des Geschehens unverändert.

Dagegen ändern sich zum Teil die Zuordnungen zur Gruppe der Tatverdächtigen. Feste Rollen nehmen der den ›Detektiv‹ vertretende William von Baskerville (→ III. Personen) und sein Adlatus Adson (→ III. Personen) ein, die zu Beginn der Geschichte, präziser: nach dem ersten Todesfall, in den Mikrokosmos eintreten, ihn aber erst nach dem Schluß der eigentlichen Geschichte wieder verlassen. Gemäß dem Sherlock-Holmes-/Dr.-Watson-Schema sind die beiden Figuren als komplementär in ihrer kriminalistischen Funktion aufzufassen: Während William nach streng logischen Argumentationsschritten seinen rationalen Diskurs aufbaut, kommt Adson verschiedentlich durch intuitive Einfälle auf richtige Lösungen, ohne sich dessen jedoch bewußt zu sein. Seine hervorstechendste Aufgabe ist es hingegen, als jugendlicher Gesprächspartner mit merklich geringerer Erfahrung und auch bei allem Bestreben, sein Denkvermögen am Beispiel seines großen Meisters zu schulen, in deutlichem intellektuellen Abstand zu William, diesen durch Fragen zur Darlegung seiner Methode des Vorgehens, seiner Hypothesen und Ergebnisse anzuregen.

Im gleichen Maße wie das Informationsdefizit Adsons durch Williams Ausführungen abgebaut wird, nimmt selbstverständlich auch der Leser an dessen Überlegungen teil. Der Bericht eines Kriminalgeschehens aus der eingeschränkten Perspektive des Gehilfen eines Detektivs ist die z. B. von Conan Doyle bevorzugte Darstellungsweise. Sie besitzt den Vorteil, daß der Leser nicht der überragenden Erkenntnisfähigkeit eines kriminalistischen Genies in hilfloser Bewunderung ausgeliefert ist, sondern daß er die oft inadäquaten Fragen und vorschnellen Schlüsse des Adlatus eher als seine eigenen erkennt und sich in sympathischer Anteilnahme mit diesem identifizieren kann.

Die übrigen Hauptpersonen gehören zu irgendeinem Zeitpunkt der Geschichte alle einmal zur Gruppe der Verdächtigen. Je nach der gerade von William aufgestellten Hypothese verdichtet sich der Verdacht gegen den einen oder anderen, manche werden durch ihren eigenen Tod exkulpiert. Obwohl William schon bald herausfindet, daß die Bibliothek und vor allem offensichtlich ein ganz spezielles Buch eine entscheidende Rolle bei den geheimnisvollen Todesfällen spielt, tappt er lange im dunkeln, trotz seines geradezu exemplarischen Scharfsinns, der ihm gleich zu Beginn der Geschichte ermöglicht, das Pferd des Abtes genau zu beschreiben, ohne es je gesehen zu haben, oder später den Plan des Labyrinths, nach einer eingehenden Betrachtung des Aedificiums von außen, nachzuvollziehen.

Die Verzögerung der Auflösung und damit die Erhöhung der Zahl der Toten ist dem obengenannten blinden Motiv anzulasten, obwohl gerade diese Korrelierung der einzelnen Morde mit den Episoden der *Apokalypse* zu bestimmten Teillösungen führt, nämlich zum Vorhersehen gewisser äußerer Umstände des weiteren Geschehens. Diese wenn auch begrenzte und nur partielle Vorhersehbarkeit sowie die Vorausdeutungen des erzählenden gealterten Adson bauen Spannungsbögen auf, lösen aber nie die Spannung ganz durch eine verfrühte Enthüllung der wirklichen Zusammenhänge. Wie in jedem Kriminalroman ist man bei wiederholter Lektüre verblüfft, wie präzise doch die Aufdeckung der rätselhaften Vorgänge in den Verlauf des Textes eingeschrieben ist. So verweisen etwa eine Menge von Details bei der Erwähnung von Büchern auf die Art des Textes, um die es sich handeln muß, wie auch auf die aneinanderklebenden Seiten oder den Verzehr des Buches; aber diese Angaben werden nicht als zielgerichtete Aussagen im Hinblick auf die Lösung erkannt. Außerdem zieht selbst William falsche Schlüsse, durch die auch der Leser auf eine falsche Spur gelockt wird. Die Schwärzung von Zunge und Fingerspitzen bei einigen der Opfer läßt ihn »einen freiwilligen Akt in Erwägung ziehen, eine absichtliche, nicht zufällige, nicht durch ein Versehen oder durch fremde Gewalt verursachte Handlung« (*S. 338*). Dieses Argument verbindet durchaus richtige Beobachtungen – freiwillig – mit unzutreffenden Folgerungen und läuft damit den entschlüsselnden Verweisen im Text zuwider. Es dient dazu, eine vorzeitige Lösung des übergreifenden Spannungsbogens zu verhindern.

Als William endlich die fehlenden Glieder in seiner Rekonstruktion des ganzen Geschehens erkannt und den einzig Verantwortlichen aufgrund seines argumentativen Verfahrens herausgefunden hat, ist das tatsächliche Zusammentreffen mit Jorge im Finis Africae nur noch ein krönender Beweis für seinen kriminalistischen Spürsinn, der damit nach zahlreichen Rückschlägen schließlich bestätigt wird. Das letzte Gespräch zwischen den beiden Hauptkontrahenten führt dann allerdings zur endgültigen äußeren Katastrophe, nicht ohne daß jedoch vorher das Verhältnis Täter–Detektiv kulminiert in der Bezeugung gegenseitiger Anerkennung, wobei Held und Antiheld ihre jeweilige Bewunderung vor der Fähigkeit des anderen zum Ausdruck bringen. Doch vertreten sie letztendlich völlig unvereinbare ideologische Positionen, und daher muß der Antiheld wie in jedem richtigen Kriminalroman am Ende untergehen. Allerdings überschreitet Eco das Schema, indem er sowohl das so lange gesuchte Buch mit den dem Helden so sehr entsprechenden, menschheitsbefreienden Ausführungen über das Lachen als auch die beispielhafteste Manifestation seiner wissenschaftsgläubigen Ideologie, nämlich die Bibliothek, in den Untergang miteinbezieht.

2 Schauerroman

Im Gegensatz zum Kriminalroman, der sich zumindest teilweise formal definieren läßt aufgrund der zugrunde liegenden Rätselstruktur, ist der Schauerroman eine eindeutig inhaltlich zu beschreibende Gattung. Namengebend ist dabei die Wirkung, die beim Leser erzielt wird, und zwar handelt es sich vorwiegend um ein Hervorrufen von affektischen Reaktionen, während der Kriminalroman viel stärker auf eine intellektuelle Auseinandersetzung abzielt, die die detektivische Mitarbeit des Lesers auslöst. Dem Schauerroman fehlt demnach auch die zentrale Figur des geistig überlegenen Helden, der die ihm gestellte Aufgabe löst und alle Fragen zufriedenstellend aufklärt. So wird dieser Romantypus auch weniger von einem vom Anfang bis zum Schluß reichenden Spannungsbogen zusammengehalten, sondern bietet immer wieder neue Überraschungen, die den beabsichtigten Schauereffekt erregen. Der Evozierung dieses Eindrucks dienen eine Reihe von Motiven, die dem historischen Modell der Gattung, nämlich der ›gothic novel‹ des ausgehenden 18. Jahrhunderts in England entlehnt sind.

Als Schauplatz des Geschehens wird meist ein geheimnisumwitterter Ort gewählt, der außerhalb des bürgerlichen Lebensraumes angesiedelt ist und als irgendwie unsicher und furchteinflößend gilt, weil sich dort angeblich rational nicht nachvollziehbare Dinge ereignen. Von dieser Szenerie eines möglichst alten, oft verlassenen oder nur noch als Ruine bestehenden Gebäudes, das häufig aus dem Mittelalter stammt und daher als ›gothic‹ bezeichnet wird, leitet sich die englische Gattungsbezeichnung ab. Der Vorstellung eines solchen Geschehensraumes entspricht das Ecosche Aedificium mit seinem im Mythisch-Unbestimmten belassenen Ursprung (*S. 31f.*) aufs genaueste.

Doch nicht nur die bei der sonstigen Exaktheit der Beschreibung erstaunlicherweise nur ganz vage als ›Riesen‹ bezeichneten Erbauer tragen dazu bei, von Beginn an dieses Gebäude dem Bereich der Rationalität zu entrücken, auch die sofort einsetzenden Warnungen, sich allzusehr dafür zu interessieren, untermauern den Verdacht, daß sich hier etwas Besonderes abspielt. Die Unklarheiten werden auch beim näheren Kennenlernen nicht beseitigt, sondern ganz im Gegenteil, sie werden immer größer, als sich herausstellt, daß das Gebäude zumindest einen geheimen Zugang besitzt. Weitere Anlässe, schauder-volle Motive durchzuspielen, sind die Entdeckung sowohl dieser unterirdischen Verbindung mit der Kirche durch das unter dem Friedhof liegende Ossarium als auch des in einem Altar aus Totenschädeln eingebauten Mechanismus, der den Einstieg in den katakombenartigen Gang freigibt. Daß der erwähnte Zugang nur ganz wenigen Personen bekannt ist und streng geheimgehalten wird, gehört zur Mystifizierung des Bauwerks. Der komplizierte Grundriß der Bibliothek in Form eines Labyrinths sowie die nachts inszenierten raffinierten Lichteffekte und betäubenden Räucherwerke dienen dem Vortäuschen visionärer Erscheinungen. Ganz zum Schluß entdeckt William gar noch eine geheime Treppe direkt ins Finis Africae, die hinter einer beweglichen Grabplatte ihren Ausgangspunkt hat.

Solche nicht der Logik der architektonischen Berechnung entstammenden Zugänge und Verbindungen gestatten es, daß eingeweihte Personen ein Gebäude unbemerkt betreten oder verlassen, so daß der außenstehende Beobachter nie genau wissen kann, wer sich darin befindet. Sie gehören selbstverständlich zur traditionellen Ausstattung alter Burgen und Schlösser, die aus strategischen Gründen über solche Möglichkeiten verfügten. Den gleichen Ursprung hat das durch eine Geheimtür in Form eines Zerrspiegels zugängliche Finis Africae sowie die verschlüsselte Anleitung zu deren Öffnung. Diese Anweisung ist nicht nur in einer Geheimschrift abgefaßt, sondern auch noch in einem speziellen Verfahren mit normalerweise unsichtbarer Tinte geschrieben.

All dies sind Motive, die zur Erstellung der Dimension des Geheimnisvollen dienen. Verstärkt wird diese Bedeutungsschicht immer wieder durch die Zeichnung der Figuren, die offensichtlich über genauere Kenntnisse über den rätselhaften Ort, nämlich die Klosterbibliothek, verfügen: der blinde Jorge (→ III. Personen), der geradewegs einem englischen Schauerroman entstiegene Malachias (→ III. Personen; → V. Lit. Vorlagen) und der prophetische Alinardus. Letzterer gibt auch William den entscheidenden Hinweis auf irgendeine Ungerechtigkeit, die sich vor vielen Jahren in der Geschichte der Bibliothekare zugetragen hat. Diese Benachteiligung gegenüber einem Anwärter auf den Bibliothekarposten nimmt hier die Funktion ein, die im

Schauerroman häufig ein ungesühntes Verbrechen hat, das meist mit einem Familienzwist zusammenhängt. Daher spielen Chroniken, Akten oder andere Erschließungsmöglichkeiten der Familiengeschichte eine große Rolle. Diese fällt in Ecos Klostergemeinschaft dem Bibliothekskatalog zu.

Ganz allgemein ist die Wahl des Schauplatzes und des Personals, die ja durch das Thema vorgegeben ist, keineswegs neu in dem Genre. Bereits seit der Aufklärung wurden katholische Mönche gern als Bösewichter entlarvt. Der Inquisition sagte man nach, unheilschwangere Machenschaften anzuzetteln und geheimnisvolle Verbrechen zu begehen; die materiellen Interessen der Kirche wurden deutlich angeprangert. Eine detaillierte, ja fast wollüstige Ausmalung der grauenerregenden Befragungs- oder Strafmethoden gehören ebenfalls zur effekthaschenden Erzählweise der Gattung.

In verschiedener Weise haben die angesprochenen Motive irgend etwas mit dem Thema Vergangenheit, um nicht zu sagen Vergänglichkeit, zu tun. Frühere Ereignisse reichen mit ihrer Wirkung bis in die geschilderte Gegenwart, Geschehnisse werden durch den zeitlichen Abstand unverständlich, dem Zugriff des verstehenden Intellekts entzogen, sogar mystifiziert, Wissen wird verschüttet, beteiligte Personen sind nicht mehr am Leben.

Gerade das Thema des Todes eröffnet der Schauerliteratur einen zentralen Motivbereich mit vielfältigen Variationen. Zweifelsohne liefert der Tod auch dem Kriminalroman eines seiner wichtigsten Requisiten, nämlich die Leiche. Doch ist diese dort nur Ausgangspunkt für die sprichwörtliche Frage nach dem Täter ›Whodunit?‹. Im Schauerroman hingegen werden ja gerade die Leichen aktiviert zu Schrekken verbreitenden Gespenstern, mahnend ihre Sühne einklagenden Erscheinungen, zwischen Gräbern fahl umherirrenden Gestalten und allen möglichen Arten von Störenfrieden bürgerlicher Nachtruhe. Dem erschauernden Leser bleibt nur noch die bange Frage »What will it (d. h. die

Leiche) do next?« Das ganz wörtlich zu nehmende ›Corpus delicti‹ wird hier somit zum ›Corpus horroris‹.

In diesem Sinn verhält sich Berengar gattungskonform, wenn er Adelmus »als Larve unter den Larven« (*S. 148*) auf dem Friedhof herumspuken sieht. Wenn William allerdings Adson diese ›Vision‹ sofort logisch erklärt, so bestätigt dies seine Herkunft aus der Kriminaltradition; in einem echten Schauerroman wäre er fehl am Platze. Auch Adsons eigene Visionen sprengen letztlich das Motivarsenal der Schauererzählung, auch wenn sie dem Bereich des Irrationalen angehören. Aber gerade das wird ja im Text selbst immer wieder unterstrichen, und ihr Zustandekommen wird überzeugend klargestellt. Daran läßt sich deutlich ablesen, wie die verschiedenen verwendeten Modelle erzählender Literatur miteinander verknüpft werden.

3 Historischer Roman

Auch dieser Romantypus ist mit Hilfe inhaltlicher Gesichtspunkte zu charakterisieren. Doch spielt dabei nicht allein die Verwendung bestimmter Materialien eine entscheidende Rolle, sondern ausschlaggebend ist der Bezug dieser stofflichen Basis zur geschichtlichen Wirklichkeit.

Während sich die Frage nach der historischen Nachprüfbarkeit beim Kriminalroman auf der Ebene der Gattung überhaupt nicht stellt, der Schauerroman zwar teilweise vorgibt, reale Ereignisse zu erzählen und gerade aus der Spannung zwischen diesem Anspruch und der lebensweltlichen Erfahrung des Lesers seine emotionalen Auswirkungen auf diesen erzielt, ist die Einbettung einer Story, die ihrerseits durchaus erfunden sein darf, in einen historisch verbürgten Rahmen unabdingbare Voraussetzung für den historischen Roman. Dabei werden geschichtliche Ereignisse geschildert und ihre Schauplätze möglichst wirklichkeitsgetreu nachgezeichnet. Die beteiligten historischen Persönlichkeiten agieren als Romanfiguren, wobei sie sowohl die Funktion von Hauptpersonen übernehmen als auch diese Rolle an erfundene Gestalten abtreten und nur als Neben- oder Randfiguren der Erstellung des historischen Kolorits dienen können. Natürlich müssen auch die ausschließlich fiktiven Personen der zeitgebundenen Wahrscheinlichkeit entsprechen, wenn sie auch nicht die historische Wahrheit für sich in Anspruch nehmen können. Allerdings ist selbst bei größter dokumentarischer Sorgfalt und höchstmöglicher Wirklichkeitstreue der Status einer historischen Figur in einem Roman ein prinzipiell anderer als in einer geschichtlichen Quelle, ist doch der Romanautor in jedem Fall gezwungen, ein gut Teil der der Figur zugeschriebenen Handlungen und wohl das meiste von ihren wörtlichen Reden selbst zu erfinden.

Der Anteil an Ecos Roman, der der Kategorie historischer Roman zuzuordnen ist, scheint schon bei erster Lektüre beträchtlich und erhöht sich noch bei genauerer Untersuchung (→ VI. Geschichtl. Hintergrund; → III. Personen). Sowohl der politische als auch der kulturgeschichtliche Hintergrund entsprechen den zeitgenössischen Verhältnissen. Manche der Personen sind nahezu authentisch, andere sind mit erstaunlicher Genauigkeit historisch nachweisbaren Figuren anderen Namens nachgebildet, die übrigen sind zumindest historisch wahrscheinlich und tragen dazu bei, ein möglichst vielgestaltiges Bild der geschilderten Epoche erstehen zu lassen. Selbst ein nicht unwesentlicher Teil der Diskussionen über theologische und philosophische Fragen kann auf Quellen zurückverfolgt werden (→ V. Lit. Vorlagen), die Themen der Gespräche entstammen häufig der geistesgeschichtlichen Auseinandersetzung in der dargestellten Zeit.

In einigen Punkten jedoch weicht Eco von diesem Prinzip der deutlichen Entsprechung zur Historie ab. Dies geschieht bei einzelnen Details, aber auch bei größeren Zusammenhängen. Ein ganz konkreter Verstoß gegen die überlieferten Kenntnisse in bezug auf die Anlage von Klöstern ist die Zusammenlegung von Küche, Skriptorium und Bibliothek

Skizze des einstigen Labyrinths auf dem Boden der Kathedrale zu Reims: ein Achteck mit vier eckturmartigen Achtecken, in denen die Baumeister mit ihren Symbolen dargestellt sind; in der Mitte angeblich der Kathedralengründer Erzbischof Aubri de Humbert. »Das Labyrinth wurde im 18. Jahrhundert von dem Kanonikus Jacquemart zerstört, weil ihn das Spiel der Kinder verdroß, die während der Gottesdienste den verschlungenen Gängen zu folgen versuchten, zu offenkundig perversen Zwecken.« (Text auf der hinteren Umschlagseite der italienischen Originalausgabe von *Il nome della rosa*.)

im gleichen Gebäude. Ebenso verhält es sich mit der Idee, die Bibliothek in Form eines Labyrinths anzulegen. Zwar sind Labyrinthe seit sehr frühen Zeiten nachgewiesen, und es handelt sich dabei um die verschiedensten Arten von Anlagen. Aber es ist kein Beispiel von einem Labyrinth als geschlossenes Bauwerk in der Kulturgeschichte bekannt. Diese Freiheiten sind bedingt durch die Notwendigkeiten der Kriminalgeschichte, die sich damit hier als übergeordnete Textschicht erweist.

Ähnlich verhält es sich mit der Verbrennung des Fra Michele, die Eco sozusagen umdatiert, um ein besonders anschauliches Beispiel zeitgenössischen Strafvollzugs anzuführen, das in einem ausführlichen Bericht tradiert ist, an den sich Eco merkbar anschließt. Überhaupt ist die Einarbeitung fremder Texte (→ V. Lit. Vorlagen) der markanteste Punkt, an dem sich Abweichungen von der historisch getreuen Darstellung nachweisen lassen. So legt Eco seinen Personen Zitate in den Mund, die von sehr viel späteren Autoren stammen, teilweise sogar aus dem 20. Jahrhundert. Das hängt mit seiner theoretischen Auffassung von Literatur als einer Art von Summe aller vorangegangenen Werke zusammen. Wenn diese literaturwissenschaftliche Position die Verletzung der Gesetze des historischen Romans rechtfertigt, so beweist das, daß es Eco letzten Endes darum ging, einen Roman im Sinne dieser Theorie zu schreiben.

Betrachtet man den Text im Gesamtzusammenhang, so ist festzuhalten, daß das zentrale Ereignis der Geschichte, das Treffen der kaiserlichen und der päpstlichen Delegation in einem Kloster, nirgends belegt ist. Folglich ist auch das Zusammenführen der verschiedenen Figuren mit mehr oder minder großer historischer Verbürgung eine Ecosche Erfindung. Auch manche der Diskussionsthemen sind in der gewählten Epoche keinesfalls besonders aktuell; allerdings ließe sich dagegen einwenden, daß sich die Personen in einer wiederholt als sehr konservativ charakterisierten Klostergemeinschaft durchaus über Probleme streiten können, die zur Zeit der Handlung außerhalb einer solchen abgeschirmten Welt bereits als gelöst angesehen werden oder die zumindest nicht den allerneuesten Stand der Erkenntnis widerspiegeln. Indirekt wird somit natürlich die Figur des William als besonders aufgeschlossen, um nicht zu sagen ›modern‹ herausgestellt. Generell kann das im Roman entworfene Weltbild nicht ganz unhinterfragt als Verweis auf die allgemeine Krise gelesen werden, die das Ende des Mittelalters kennzeichnete und in der sich ein neues Bewußtsein herausbildete. Die hier so sehr in den Mittelpunkt gerückte Auseinandersetzung zwischen Kaiser und Papst war im Grunde genommen im 14. Jahrhundert nur noch eine Art Nachhutgefecht. Doch läßt sich diese leichte zeitliche Verschiebung erklären, wenn man berücksichtigt, daß Eco ja auch das Aufeinanderprallen verschiedener Ideologien, die von den politischen Widersachern vertreten wurden, vorführen wollte.

4 Allegorischer oder Schlüsselroman

Während die Charakterisierung der bisher besprochenen Romantypen ausgeht von einer formalen oder inhaltlichen Beschreibung des eigentlichen Textes, ist die Kategorie des allegorischen oder Schlüsselromans, der auf mehr als einer Ebene lesbar ist, orientiert an der Intention, die der Autor mit seinem Text verfolgt.

Wenn er auch wirkliche Ereignisse, Personen und Orte durch veränderte Namen und Umstände verschlüsselt, so bleibt doch die Absicht bestehen, daß der kundige Leser diese Verschleierung als solche entlarvt und die zugrunde liegende Aussage des Autors entschlüsselt. Jede der genannten Romanformen kann für eine verschlüsselte Aussage in Dienst genommen werden. Häufig geschieht das beispielsweise im historischen Roman, der eine Möglichkeit zur Flucht aus einer als kritikwürdig angesehenen Gegenwart bietet, die der Autor jedoch selbst nicht negativ abbilden kann, um etwa in gewissen Epochen nicht der Zensur zum

»Einige Nischen enthielten nur winzige Knochen, andere nur Schädel, säuberlich zu Pyramiden gestapelt. Wahrlich ein schreckenerregender Anblick, zumal im flackernden Wechselspiel von Schatten und Licht, das meine Lampe hervorrief« (*S. 205*).
William und Adson im Ossarium.

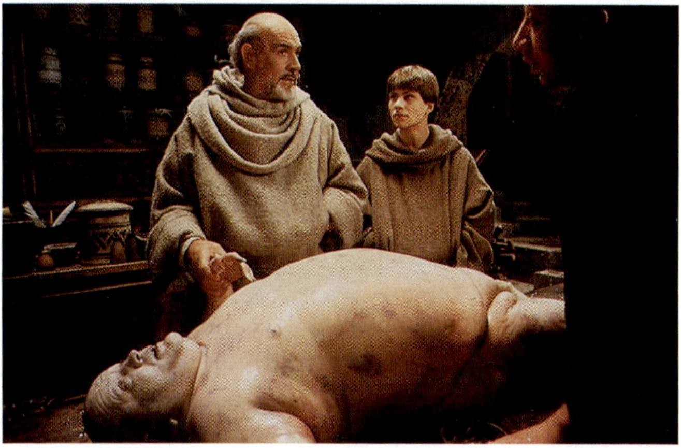

»Und dieser Tote, bemerkte William, sah wirklich wie ein Ertrunkener aus: das Gesicht aufgedunsen, der weiße und weiche Körper desgleichen« (*S. 330*).
Der ermordete Mönch Berengar (Michael Habeck).

»Der Unglückliche lag auf dem Boden
in einem Meer von Blut mit zerschmettertem Schädel« (*S. 459*).
William vor der Leiche Severins (Elya Baskin).

Opfer zu fallen. Mit dem Schritt in die Vergangenheit als Schutzmaßnahme werden die historisch fernen Mißstände stellvertretend für die gegenwärtigen Verhältnisse angeprangert. So verfährt zum Beispiel Alessandro Manzoni im berühmtesten italienischen Roman des 19. Jahrhunderts *Die Verlobten.* In einem solchen Fall ist allerdings immer nur eine gewisse Ähnlichkeit zwischen den geschilderten und den ursprünglich gemeinten Verhältnissen zu erkennen, während im Schlüsselroman im strengen Sinn alle wichtigen Bestandteile der erzählten Geschichte durch andere, der beabsichtigten Bedeutung entsprechende zu ersetzen sind.

Allegorische Texte in Form von Schlüsselromanen enthalten meist irgendeine Art von Anweisung an den Leser zur richtigen Lektüre des Textes. Gerade diese Interpretationshilfen bereiten in unserem Fall einige Schwierigkeiten. Für die Tatsache, daß sein Roman sehr schnell als verschlüsselte Aussage über die politischen Verhältnisse im Italien der 60er Jahre verstanden wurde, ist Eco selbst verantwortlich. Er hat wiederholt in manchen seiner zahlreichen Interviews behauptet, er habe den *Namen der Rose* unter dem Schock der Aldo-Moro-Affäre geschrieben, als ihn die Ohnmacht des Intellektuellen in der heutigen politischen Situation sehr plastisch vor Augen gestellt wurde. Dieses Gefühl schwindenden Einflusses auf das irrationale Geschehen in seiner lebensweltlichen Umgebung mag Eco dazu angeregt haben, einen Roman zu schreiben über eine Auseinandersetzung zwischen irrationalen Gruppen und über den letztlich scheiternden Versuch eines hervorragenden Vertreters des logischen Denkens, diesen allgemein herrschenden Irrationalismus zu bekämpfen.

Diese Parallele zwischen der Handlung des Romans und den damaligen Gegebenheiten in Italien drängt sich durchaus auf. Allerdings ließe sich wohl fast in jeder Epoche eine solche Parallele zu den jeweils herrschenden Verhältnissen ziehen, da die Auseinandersetzung zwischen vernunftorientierten und gefühlsbetonten Richtungen zu kei-

V
Literarische Vorlagen

»Wenig ist mir zugestoßen, aber viel habe ich gelesen«, sagt Jorge Luis Borges im Nachwort zu seinem 1960 erschienenen Band *El hacedor* (deutscher Titel *Borges und Ich*).

Dieser Ausspruch des ›Schriftstellers für Schriftsteller‹, wie der große argentinische Erzähler von der Kritik genannt wurde, könnte zumindest in seinem zweiten Teil mit gleichem Recht über dem *Namen der Rose* stehen. Eco selbst spricht im Text von einer »Geschichte von Büchern« (*S. 12*), von »Flickwerk«, »Figurengedicht«, »Akrostichon« (*S. 634*). Später nannte er das Buch eine »postmoderne Collage«, und die ›mechanische Montage‹ wird inzwischen als Rezept für die Herstellung eines Bestsellers gehandelt.

In der Tat sind die Anleihen, Zitate, Verweise und Parallelen wohl bisher von keinem der zahlreichen Kritiker restlos erkannt worden. Solange Eco selbst seine Zettelkästen nicht zur Ausbeutung preisgibt, wird mit Sicherheit ein nicht entdeckter Rest bleiben, auch wenn das detektivische Spiel der Spurenlese inzwischen allenthalben blüht und das Aufspüren immer neuer Quellen und Verweise, mit seinem selbstbestätigenden Aha-Erlebnis beim Wiedererkennen von bereits Bekanntem, für erfahrene Leser sogar einen großen Teil des Reizes der Lektüre ausmacht.

Es treten jedoch nicht nur fremde Texte oder Bezüge zu Texten anderer Autoren auf, sondern auch entlehnte kompositorische Textelemente. So ist zum Beispiel eine deutliche Parallele zu der Erzählsituation in Thomas Manns *Doktor Faustus* (1947) zu erkennen, in dem der alternde Serenus Zeitblom rückblickend seine Lebensgeschichte und die Erlebnisse mit seinem Freund Adrian Leverkühn erzählt.

Allerdings ist die Rückbeziehung auf bereits vorliegende Texte bei Eco nicht Selbstzweck im Sinne eines literarischen Quiz. Der Autor folgt damit vielmehr einem bestimmten Prinzip für die Abfassung von Texten, das in der modernen Literaturwissenschaft vertreten und auch von neueren Autoren praktiziert wird. Diese mit dem Etikett ›Intertextualität‹ versehene Auffassung besagt, daß Texte nicht in einem literarischen oder – im weiteren Rahmen – kulturellen Vakuum entstehen, sondern immer auf die Summe der ihnen vorausgegangenen Traditionen verweisen. Eco selbst hat sich in seinen theoretischen Arbeiten wiederholt mit diesen Fragen beschäftigt, die er dann in seinem Roman anschaulich verwirklicht.

1 ›Texte‹ als Teil der erzählten Geschichte

Texte spielen in Ecos Roman eine unübersehbare Rolle, und zwar in ganz verschiedenen Erscheinungsformen. Ganz konkret werden sie als Bücher und Schriftrollen aufbewahrt in der Bibliothek des Klosters, die nicht nur ihrer schützenden Konservierung dient, sondern sie auch vor dem Zugriff nicht autorisierter Leser sichert. Verzeichnet sind all diese sorgsam bewachten Schätze in dem umfangreichen Katalog, der zwar jedem Bibliotheksbenutzer zugänglich ist, dessen Eintragungen jedoch nur von Eingeweihten aufgeschlüsselt werden können. Eingeweiht sind nur ganz wenige Personen: der Abt, der Bibliothekar und sein Gehilfe.

Die Weitergabe dieses Wissens um die Bibliothek gewinnt auf der kriminalistischen Ebene des Romans große Bedeutung. Der Katalog vermittelt nicht nur ein beredtes Bild von den reichen Beständen der Bibliothek, er gibt auch Auskunft über ihre Geschichte, sofern man ihn genau zu lesen versteht, und aus ihm gewinnt William entscheidende Einsichten bei der Lösung seines Falls. Eingeflochten in seine diesbezüglichen Nachforschungen sind eine ganze Reihe von fachspezifischen Informationen über Bibliothekskataloge, die ganz unterschiedlich angelegt sein können. So war in der Bibliotheksgeschichte etwa der Katalog von Alexandria, die *Pinakes* des Kallimachos, sehr berühmt als Ordnungssystem der griechischen Literatur.

Katastrophaler Endpunkt der erzählten Geschichte ist bezeichnenderweise nicht der Tod Jorges, sondern der Brand der Bibliothek und schließlich des ganzen Klosters, in deutlicher Entsprechung sowohl zum apokalyptischen Weltuntergang als auch zur historischen Zerstörung der Bibliothek von Alexandria oder zum literarischen Vorbild in Elias Canettis *Die Blendung*. In ihr ist ebenfalls ein hochgelehrter Bibliomane selbst für die Vernichtung seiner Bücher im Feuer verantwortlich und bricht genau wie Jorge kurz vor seinem Tod in den Flammen der Bibliothek in schallendes Gelächter aus. »Als ihn die Flammen endlich erreichen, lacht er so laut, wie er in seinem ganzen Leben nie gelacht hat.« (E. Canetti: *Die Blendung*, S. 515; vgl. *S. 611*)

Einzige Überreste dieser ungeheuren Ansammlung von Büchern, die als größte Bibliothek der Christenheit bezeichnet wird (*S. 624*), sind die wenigen Papierfetzen, die Adson nach vielen Jahren, als er einmal an den Ort des Geschehens zurückkehrt, als Spuren sammelt und aus denen er sich dann in Melk eine Art von imaginärer Bibliothek als Erinnerung an die verbrannte Klosterbibliothek herstellt.

Bücher werden im Kloster nicht nur zur Aufbewahrung gesammelt, es werden auch neue Bücher hergestellt. Die Mönche im Skriptorium sind beschäftigt mit dem Abfassen von gelehrten Texten, dem Kopieren von Handschriften sowie mit der künstlerischen Ausgestaltung der Manuskripte durch Initialen und Miniaturen. Die Darstellung dieser einzelnen Arbeitsgänge bietet eine lebhafte Vorstellung mittelalterlicher Buchherstellung.

Eigentlicher Zweck von Büchern ist letztlich nicht das bewahrende Sammeln, sondern die kritische Lektüre, die

Anlaß zur geistigen Auseinandersetzung mit ihrem Inhalt ist. Gerade dieser Aspekt ist in der Klosterbibliothek merklich eingeschränkt. Die Mönche selbst haben keinen Zugang zur streng bewachten Bibliothek. Der Bibliothekar, wenn nicht gar der Abt, entscheidet, ob sie die gewünschten Bücher lesen dürfen; ihr Wissensdrang ist in enge Grenzen verwiesen. Manche der jüngeren Mönche begehren dagegen auf, da gerade die ihnen verwehrten Bücher sie am meisten interessieren und ihre Diskussionen um tabuisierte Themen kreisen, wofür sie Jorge scharf tadelt.

Am intensivsten gesucht wird ein ganz spezielles Buch, von dem niemand genau weiß, von wem es stammt und wovon es eigentlich handelt, bis William es schließlich identifiziert als das zweite Buch der Poetik des Aristoteles über die Komödie. Diesem Werk wird nachgesagt, daß seine Lektüre die Leser vergifte, und zwar in zweifacher Weise: nach Jorges Ansicht im *geistigen* Sinn, weil es sie von dogmatischen Zwängen befreie und mit Hilfe des Lachens den Menschen in seiner Autonomie bestätige. Daher erachtet er es als konsequent, diese geistige Vergiftung auch *materiell* nachzuvollziehen, in der Weise, daß die gedanklich infizierten Leser sich selbst beim Lesen körperlich vergiften und sterben.

So wie die Suche nach diesem das abendländische Denken entscheidend beeinflussenden Buch der rote Faden der eingebetteten Kriminalgeschichte ist, konzentriert sich auch das nicht zufällig »Natürlich, eine alte Handschrift« betitelte Vorwort auf einen Text, den der Vorworterzähler zuerst entdeckt und übersetzt, bevor er ihm abhanden kommt und er ihm lange Zeit erfolglos nachjagt. (→ I. Aufbau des Romans). Das Vorwort enthält die weitere Geschichte dieser Handschrift, die wiederum mit vielen anderen, wirklichen und erfundenen Büchern zu tun hat. Das auf komplizierte Weise wieder rekonstruierte Manuskript wird dann im Hauptteil des Romans abgedruckt, die eigentliche Kriminalgeschichte ist sozusagen ein Buch im Buch.

2 Texte als Teil des Textes

Handelt das Buch im Buch davon, »was zwischen Männern geschehen ist, die zwischen Büchern leben, mit Büchern und von Büchern« (*S. 144*), so läßt sich der Text, der diese Geschichte erzählt, beschreiben als Text aus Texten. Das heißt, es gibt viele Stellen, wenn nicht gar längere Passagen, die gar nicht von Eco selbst stammen, sondern wo er Anleihen bei bereits vorliegenden Texten macht und diese in seinen eigenen einarbeitet, so daß eine Art von sprachlichem Puzzle entsteht. Diese Technik bildet die oben angeführte theoretische Vorstellung von der Abhängigkeit eines Textes von anderen Texten praktisch ab. Sie wird auch den Romanfiguren in den Mund gelegt; vor allem William vertritt sie sehr deutlich, wenn er Adson erklärt: »›Oft sprechen die Bücher von anderen Büchern‹«, und dieser dann überzeugt fortfährt: »›Bisher hatte ich immer gedacht, die Bücher sprächen nur von den menschlichen oder göttlichen Dingen, die sich außerhalb der Bücher befinden. Nun ging mir plötzlich auf, daß die Bücher nicht selten von anderen Büchern sprechen, ja, daß es mitunter so ist, als sprächen sie miteinander.‹« (*S. 365f.*)

Die Anzahl fremder Texte, die in Ecos Roman präsent sind, durch wörtliche Zitate, mehr oder minder getreue Nachahmung oder nur durchscheinende Erinnerung, ist beträchtlich. Hier sollen nur einige Beispiele besprochen werden. Dabei ist zu unterscheiden zwischen markierten Übernahmen, deren Herkunft dem Leser durch Nennung des Verfassers oder des Titels sogleich mitgeteilt wird, und unmarkierten Anleihen, deren Ursprung zu erkennen dem Spürsinn des Lesers überlassen bleibt.

Die Apokalypse

Derjenige Text, auf den zweifellos am häufigsten sowohl ausdrücklich verwiesen als auch unausgesprochen angespielt wird, ist die *Apokalypse* des Johannes. Bereits im

Vorwort des Romans fallen die ersten, wenn auch noch etwas rätselhaften Andeutungen auf diesen zentralen Text. Dort nämlich geht es um das einem Milo Temesvar zugeschriebene Werk *Die Apokalypsen-Händler*, das der Vorworterzähler in seiner eigenen Schrift *Apokalyptiker und Integrierte* besprochen hat. Dieser letztgenannte Titel benennt ein in der Tat existierendes Werk von Umberto Eco, mit dem sich somit der hier sprechende Erzähler als ›Eco‹ identifizieren läßt (→ I. Aufbau des Romans).

Eindeutige Verweise auf die *Apokalypse* durchziehen den ganzen Roman. Sie wird als Vision des drohenden Weltuntergangs immer wieder, vor allem von bestimmten Mönchen, heraufbeschworen. Ihre einzelnen Episoden werden mit den einzelnen Todesfällen parallelisiert, die ja auch in auffallender Ähnlichkeit dazu inszeniert sind. Was das Arsenal an Bildern und Metaphern des Visionstextes betrifft, so dient es Eco als Quelle für reichhaltiges Material, auf das teilweise im Text selbst hingewiesen wird, da die *Apokalypse* als sinnstiftendes Modell für die eigentliche Kriminalhandlung immer wieder bemüht wird. Viele dieser Entsprechungen sind bewußt forciert, da sich letztlich der Versuch, mit Hilfe der Ereignisabfolge der *Apokalypse* die Fäden der Kriminalgeschichte zu entwirren, als falsche Fährte erweist.

Doch die erhellende Lösung mit dem Motiv der Bibliophagie, das heißt dem Verzehr des Buches, ist ein unübersehbares Zitat. Allerdings wird in Ecos Wendung der Geschichte der biblische Text von der übertragenen Ebene sozusagen rückübersetzt in eine wörtlich zu verstehende Bedeutung. Wenn es dort heißt:

> Und ich ging hin zu dem Engel und sprach zu ihm: Gib mir das Büchlein! Und er sprach zu mir: Nimm hin und verschling's! Und es wird dich im Bauch grimmen; aber in deinem Munde wird's süß sein wie Honig. Und ich nahm das Büchlein von der Hand des Engels und verschlang's, und es war süß in meinem Munde wie Honig; und da ich's gegessen hatte, grimmte mich's im Bauch.

(*Die Offenbarung des Johannes* 10, 9–10)

so ist mit dem Verzehr des Buches (siehe Farbabbildung vor S. 145) die bildhaft ausgedrückte Voraussetzung für das zukünftige Predigen des Sehers gemeint, der sich damit im Besitz der Visionen befindet. Übrigens war bereits bei Johannes das Motiv nicht mehr neu, sondern die Wiederaufnahme eines rituellen Gestus der Einsetzung von Propheten, wie ihn schon Hesekiel beschreibt (vgl. Hesekiel 2, 8 und 3, 2). Jorge von Burgos hingegen wird ja die Lehren des verzehrten Buches, nämlich des von ihm so fanatisch bekämpften zweiten Buches der Aristotelischen Poetik gerade nicht weiter verbreiten: Er empfindet eine nahezu abgründige Freude (Honig) an der gelungenen Zerstörung des Textes, die andererseits ihn selber zugrunde richtet (tödliches ›Bauchgrimmen‹; *S. 611*).

Die auffallendste Übernahme einer längeren Stelle aus der *Apokalypse* liegt vor, wenn das Tympanon über dem Portal der Klosterkirche geschildert wird. (→ II. 2. Tympanon.)

»Ich sah einen Thron, der gesetzt war im Himmel, und auf dem Thron saß Einer, und Der Da Saß, war streng und erhaben anzusehen, die weitgeöffneten Augen blickten funkelnd auf eine ans Ende ihrer irdischen Tage gelangte Menschheit. Prächtige Locken und ein majestätischer Bart umrahmten sein Antlitz und fielen auf seine Brust gleich den Wassern eines Stromes in lauter ebenmäßigen und symmetrischen Wellen. Die Krone auf seinem Haupte war reich mit Gemmen und Edelsteinen geschmückt, das herrliche Purpurgewand, durchwoben mit goldenen Litzen und Spitzen, umhüllte in weiten Falten seine Gestalt. Mit der Linken hielt er auf dem Knie ein ver-

2 Alsbald kam der Geist über mich. Und siehe, ein Thron war gesetzt im Himmel, und auf dem Thron saß einer;

3 und der da saß, war anzusehen gleichwie der Stein Jaspis und Sarder; und ein Regenbogen war um den Thron, anzusehen gleichwie ein Smaragd.

4 Und um den Thron waren vierundzwanzig Throne, und auf den Thronen saßen vierundzwanzig Älteste, mit weißen Kleidern angetan, und hatten auf ihren Häuptern goldene Kronen.

5 Und von dem Thron gingen aus Blitze, Stimmen und Donner; und sieben Fackeln mit Feuer brannten vor dem Thron, welches sind die sieben Geister Gottes.

siegeltes Buch, die Rechte hob er zu einer Geste, von der ich nicht sagen kann, ob sie segnend war oder drohend. Sein Antlitz leuchtete in der blendenden Schönheit eines kreuzförmigen und blumengeschmückten Heiligenscheins, und ein Regenbogen war um den Thron, anzusehen gleich einem Smaragd. Und vor dem Thron, zu Füßen des, Der Da Saß, war ein gläsernes Meer wie aus Kristall, und um den Sitzenden, um seinen Thron und darüber, sah ich vier schreckliche Tiere – schrecklich für mich, der ich sie hingerissen betrachtete, aber lieblich und süß für den Sitzenden, dessen Lob sie sangen ohn' Unterlaß.

Genaugenommen konnte man nicht von allen vier Tieren sagen, daß sie schrecklich anzusehen waren, denn schön und edel erschien mir jenes in Menschengestalt, das links von mir (also zur Rechten des Sitzenden) ein Buch in der Hand hielt. Aber erschaudern machte mich auf der anderen Seite ein Adler mit weitaufgerissenem Schnabel und mächtigen Klauen, die borstigen Federn als Schuppenpanzer gestaltet, die Schwingen wie zum Fluge gebreitet. Und zu Füßen des Sitzenden, unter den beiden ersten Tieren, sah ich einen Löwen und einen Stier, beide hielten ein Buch in ihren Pranken und Hufen, beide hatten den Körper abgewandt vom Throne, aber den Kopf zu ihm hin, als drehten sie gerade Schulter und Hals in wildem

6 Und vor dem Thron war es wie ein gläsernes Meer, gleich dem Kristall, und mitten am Thron und um den Thron vier himmlische Gestalten, voll Augen vorne und hinten.

7 Und die erste Gestalt war gleich einem Löwen, und die zweite Gestalt war gleich einem Stier, und die dritte hatte ein Antlitz wie ein Mensch, und die vierte Gestalt war gleich einem fliegenden Adler.

8 Und eine jegliche der vier Gestalten hatte sechs Flügel, und sie waren außenherum und inwendig voll Augen, und sie hatten keine Ruhe Tag und Nacht und sprachen:
Heilig, heilig, heilig ist Gott der Herr, der Allmächtige, der da war und der da ist und der da kommt.

9 Und wenn die Gestalten gaben Preis und Ehre und Dank dem, der da auf dem Thron saß, der da lebt von Ewigkeit zu Ewigkeit,

10 fielen die vierundzwanzig Ältesten nieder vor dem, der auf dem Thron saß, und beteten den an, der da lebt von Ewigkeit zu Ewigkeit, und legten ihre Kronen nieder vor dem Thron und sprachen:

11 Herr, unser Gott, du bist würdig, zu nehmen Preis und Ehre und Kraft; denn du hast alle Dinge geschaffen, und durch deinen Willen haben sie das Wesen und sind geschaffen.
(*Die Offenbarung des Johannes 4, 2–11*)

Ungestüm, die Flanken bebend, die tierischen Glieder zuckend, die Rachen geöffnet, die Schwänze gewunden wie Schlangen und endend in kleinen züngelnden Flammen. Beide waren geflügelt, beide gekrönt mit Heiligenscheinen, und waren trotz ihres furchtbaren Anblicks keine Geschöpfe der Hölle, sondern solche des Himmels, und wenn sie mir schrecklich erschienen, so weil sie brüllten in Anbetung dessen, der da kommen wird, zu richten die Lebendigen und die Toten.

Rings um den Thron, um die vier Tiere und zu Füßen des Sitzenden, wie durchscheinend unter dem Wasser des gläsernen Meeres und fast den ganzen verbleibenden Raum der Vision erfüllend (angeordnet gemäß der triangulären Struktur des Tympanons in einer unteren Reihe von zwei mal sieben, darüber zu Seiten des Throns zwei mal drei und darüber wiederum zwei mal zwei), sah ich vierundzwanzig Greise auf vierundzwanzig kleinen Thronen sitzen, gekleidet in weiße Gewänder, und hatten auf ihren Häuptern goldene Kronen. In der Hand hielten sie bald ein Räuchergefäß, bald eine Laute; nur einer von ihnen spielte, doch alle blickten verzückt empor zu dem Sitzenden und sangen unaufhörlich sein Lob, die Glieder verdreht wie die der beiden unteren Tiere, aber nicht in tierischer Weise, sondern wie in ekstatischem Tanze – wie David um die Lade getanzt haben muß –, dergestalt

8 Und da es das Buch nahm, da fielen die vier Gestalten und die vierundzwanzig Ältesten nieder vor dem Lamm, und ein jeglicher hatte eine Harfe und goldene Schalen voll Räucherwerk, das sind die Gebete der Heiligen.

(Ebenda 5, 8)

daß, wo immer sie sich befinden mochten, ihre Blicke entgegen dem Gesetz, das die Haltung ihrer Körper beherrschte, in ein und demselben strahlenden Punkte zusammentrafen. Oh, welche Harmonie von Hingabe und Entrückung, von unnatürlichen und doch anmutigen Haltungen, in dieser mystischen Sprache der wie durch ein Wunder vom Gewicht ihrer Körperlichkeit befreiten Glieder, gestaltete Vielfalt, übergossen mit neuer Wesensform, als würde die heilige Heerschar getrieben von einem stürmischen Wind, von einem lebenspendenden Odem, rasende Freude, hallelujatischer Jubel, durch ein Wunder aus Klang zu Bild geworden!

Körper und Glieder beseelt vom Geist, erleuchtet von der Offenbarung.« (*S. 57–59*)

Beim Vergleich zwischen Vorlage und Romantext läßt sich hier deutlich eine Verschiebung von der Beschreibung in der Bibel zur Vision Adsons im Roman beobachten. Während sich nämlich der Bibeltext auf eine sprecherunabhängige Nennung der einzelnen Elemente beschränkt, muß die ganze Darstellung in der visionären Sicht Adsons in dessen Perspektive verankert werden. Allerdings geschieht das recht stereotyp durch die wiederholte Einschaltung der formelhaften Wendungen ›ich sah‹ oder ›mir (er)schien‹, die es erlauben, möglichst genau dem vorliegenden Text zu folgen und ihn gleichzeitig an die Romanperson rückzukoppeln. Die Ecosche Stelle greift im übrigen über die zitierte Quelle hinaus und arbeitet auch weitere Bibelzitate ein, so zum Beispiel andere Verse der *Offenbarung* wie 5, 8 oder etwa die Anspielung auf Davids Tanz um die Bundeslade in

2. Samuel 6, 5. Sie bewegt sich jedoch immer im gleichen Kontext. Der abschließende Verweis auf die ›Offenbarung‹ meint hier zwar nicht den Titel der biblischen Schrift, dient aber dennoch als Markierung des eingeblendeten Fremdtextes für den Leser.

Solchen Rückbezügen, die sich an einzelne, lokalisierbare Textstellen anschließen, stehen Ähnlichkeitsbeziehungen gegenüber, die sich nur über den Gesamttext erstellen lassen, die aber zugleich wesentliche Merkmale beider Texte abdecken. Eco selbst regt dazu an, diese Zusammenhänge zu sehen, und zwar durch seine Ausführungen zur *Apokalypse* in der Edition des Beatus von Liébana (siehe Farbabbildungen nach S. 160), die er 1973 bei Ricci in Parma herausgab.

Diese Edition enthält die Illustrationen zum *Apokalypse*-Kommentar des Beatus sowie ein längeres Vorwort Ecos und einen Brief an den Verleger Franco Maria Ricci, dessen italienischer Titel *Eco su Eco* in der deutschen Ausgabe in der Zeitschrift *Bogen* (Nr. 6, München 1982) etwas umständlich lautet *Eine Geste der Zuneigung oder auch ein Akt der Befreiung von uralten Obsessionen.* In diesem Brief glaubt Eco, sich dafür rechtfertigen zu müssen, daß er, der sonst wohl nicht so ganz in das Programm des noblen Kunstverlags integrierbar ist, hier seine Ausführungen zur *Apokalypse* veröffentlicht.

Die Überschrift des Vorworts ›Palimpsest über Beatus‹ veranschaulicht Ecos Auffassung vom Text, der immer eine Überlagerung mehrerer Sinnschichten darstellt, die sich jedoch nicht gegenseitig aufheben, sondern die früheren Bedeutungen durchschimmern lassen, so wie bei einem Palimpsest das Material mehrfach verwendet wurde und verschiedene Handschriften übereinanderliegen. Diesem Verständnis von einem Text, dessen mögliche Lesarten sich ergänzen und erhellen, entsprechen auch die Darlegungen des Vorworts zum ›offenen Kunstwerk‹, dessen Sinn nicht als eindeutig und für immer fixierbar angesehen werden kann, das vielmehr mit jedem Lektüreakt einen Sinnzuwachs erfährt. Ein derartiger Textbegriff kann als literaturtheoretische Begründung für das Verfahren der Collage angesehen werden, bei der fremde Texte anverwandelt werden und letztlich, in einen neuen Kontext gestellt, etwas Neues ergeben. Diese Technik der Montage setzt Ecos Konzept des ›offenen Kunstwerks‹ in die Praxis um und wird in unserem Roman sehr anschaulich verwirklicht.

Im Vorwort zu der genannten *Apokalypse*-Ausgabe erläutert Eco den dargestellten Prozeß am Beispiel der *Apokalypse* und der Geschichte ihrer Wirkung. Zugleich zieht er eine Parallele zu seiner eigenen historischen Situation.

Auch aus dieser Gegenüberstellung lassen sich Ansätze für das Verständnis des sieben Jahre später erschienenen, aber bereits geraume Zeit vorher geplanten Romans gewinnen. Als wesentlichster gemeinsamer Nenner zwischen den beiden Werken erscheint das geistige Klima, in dem sie entstanden sind. An diesem Punkt lassen sich die verstreuten Aussagen, die Eco in verschiedenen Interviews auf die Frage nach dem auslösenden Moment für das Abfassen seines Romans machte, problemlos zur Übereinstimmung bringen.

Wie die meisten frühen Visionstexte ist die *Apokalypse* Ausdruck einer Rückzugsstimmung, wie sie sich nach der Rückkehr des Volkes Israel aus der babylonischen Gefangenschaft nach Palästina als Abwendung vom offiziellen Judentum verbreitete. Das Bewußtsein politischer Ohnmacht führt zu einer Abkehr von den Problemen der realen lebensweltlichen Situation und zu einer Beschäftigung mit visionären Formen und endzeitlichen Themen.

Wie Eco unterstreicht, ist in ganz bestimmten historischen Epochen eine sehr aktive Auseinandersetzung mit der *Apokalypse* als herausragendem Visionstext zu verzeichnen, während andere Zeiten diese Schrift ganz vernachlässigen. So maß man ihr um die Jahrtausendwende überaus große Bedeutung zu, und sie war zentraler Gegenstand in allen sogenannten millenaristischen Diskussionen, die das herannahende Weltende zum Thema hatten.

Bei der Charakterisierung des ideengeschichtlichen Umfelds im ausgehenden ersten Jahrtausend durch die vielfältigen millenaristischen Strömungen erwähnt Eco zwei Vertreter, deren Namen den Lesern seines Romans sehr vertraut sind: Abbone von Fleury und Adson von Montier-en-Der, dessen *Libellus de Antichristo* (954) die Ankunft des Antichristen beim Auseinanderfallen des Reiches verheißt und der im Roman mehrfach erwähnt wird. Eco stellt dann Parallelen zur Produktionssituation seines eigenen Romans und zur Gestaltung des geistigen Hintergrunds der Handlung her. Faßt man den ganzen Zusammenhang ins Auge, den Eco im ›Palimpsest über Beatus‹ in viel überzeugenderer Argumentationsweise entfaltet, so gewinnen auch die späteren, verkürzenden Anspielungen an Beweiskraft, mit denen er wiederholt das Ungenügen an seiner eigenen politischen Situation ins Feld führt, um seinen Roman zu rechtfertigen.

Neben diesem kulturgeschichtlichen Horizont verdankt das Erzählwerk dem biblischen Text, so wie er im ›Palimpsest‹ vermittelt wird, aber noch eine präziser zu fassende Komponente. So ist die im Romanvorwort dargestellte Textgeschichte des Adsonschen Manuskriptes ein etwas komplizierteres Abbild der Überlieferung der *Apokalypse* über Beatus bis zur Ausgabe Ecos, wobei bereits die Titel der jeweiligen Vorworte, nämlich ›Palimpsest über Beatus‹ einerseits und ›Natürlich, eine alte Handschrift‹ andererseits, über das Wortfeld ›Manuskript‹ miteinander vergleichbar sind. Die Stufen und Umwege, die von Adsons fiktivem Original zur ›Edition‹ in Form des vorliegenden Romans führen, sind bekannt (→ I. Aufbau des Romans); die von Eco besorgte Beatus-Ausgabe stellt eine mozarabische, d. h. von einem getauften Araber herausgegebene, Edition mit Illustrationen des 10. Jahrhunderts vor, die einen *Apokalypse*-Kommentar des 8. Jahrhunderts aus Spanien, nämlich *In Apokalipsin libri duodecim* des Beatus Liebanensis, illustrieren, der seinerseits mit großer Genauigkeit einen bereits jahrhundertealten Text, in diesem Falle die *Offenba-*

»Nie habe ich eine schönere und trefflicher angelegte
Abtei gesehen, obwohl ich später in meinem Leben durchaus
nach Sankt Gallen kam und nach Cluny und nach Fontenay und in
andere Abteien, die womöglich noch größer waren als diese,
nicht aber so wohlproportioniert« *(S. 37)*.
Die Abtei wurde für den Film von Dante Ferretti rekonstruiert.

»Und es zog mich hin zu ihr mit Macht,
und ich spürte die Wärme ihres Körpers und den herben Geruch
niegekannter Salben« (*S. 316*).
Das Liebeserlebnis Adsons mit dem Bauernmädchen
(Valentina Vargas).

rung des Johannes erläutert. Diese ist wahrscheinlich ursprünglich in hebräischer Sprache geschrieben, wurde dann ins Griechische und schließlich ins Lateinische übersetzt. Beatus selbst kannte nur die lateinische Fassung.

Zieht man außerdem in Betracht, wie Eco den Kommentar des Beatus charakterisiert, so liest sich sein eigener Roman wiederum wie eine Entsprechung der dort verwendeten Verfahren: Beatus wiederholt angeblich nur die Sätze anderer Autoren, ohne jedoch diese Entlehnungen im einzelnen als solche kenntlich zu machen. Er ändert allerdings häufig Details, zitiert falsche Quellen, stellt die kopierten Passagen in einen neuen Zusammenhang und schafft damit ein neues Werk. Zu seiner Zeit war sein Kommentar ein absoluter Bestseller.

Die Gesamteinschätzung des Beatus-Kommentars scheint in ganz erstaunlicher Weise auf Ecos Roman vorauszudeuten, wenn behauptet wird, Beatus erstelle eine Welt außerhalb der Realität, in einer Zeit, in der die Realität nur schwer zu ertragen war, und wenn eben in dieser Präsentation einer Gegenwelt die Ursache für die große Verbreitung des Werks gesehen wird.

Im Hinblick auf den Roman könnte ein solches Argument die These stützen, dieser entspreche eher der Tendenz zur Flucht aus der Wirklichkeit in Form von Evasionsliteratur, die sich ja gegenwärtig großer Beliebtheit erfreut, wenn man an die Werke von Tolkien, Michael Ende oder Tankred Dorst denkt, und es gehe weniger um einen politischen Schlüsselroman.

In der Tat zeichnet sich bei der Untersuchung von Ecos Beschäftigung mit der *Apokalypse* ab, daß seine Äußerungen sich keinesfalls auf einen eindeutigen Nenner bringen lassen. Vielmehr herrschen sehr häufig Widersprüche vor, wenn man die Thesen zum gleichen Sachverhalt einander gegenüberstellt. Einhelligkeit besteht jedoch in der Ablehnung von Einhelligkeit, da jedwede endgültige Festschreibung des Sinns dem Wesen eines Textes als ›offenes Kunstwerk‹ zuwiderläuft.

Die von der Ausdehnung der Einzelstelle her gesehen ausführlichste Einblendung eines Bibeltextes liegt in der Schilderung von Adsons Liebeserlebnis vor. Zu Beginn der Szene ist er im wahrsten Sinne des Wortes sprachlos und thematisiert sogar seine Unfähigkeit, die ihn überkommenden Gefühle zu benennen. Als Novize besitzt er verständlicherweise weder die Lebenserfahrung noch die Ausdrucksfähigkeit, das für ihn völlig neue Geschehen zu verarbeiten. Andererseits obliegt es natürlich dem Erzähler Adson, den Leser über das Ereignis zu informieren, und so bietet sich der Rückgriff auf den dazu einmalig geeigneten Bibeltext an, den Adson glaubhafterweise kennen darf, auch wenn dessen Worte, wie er selbst betont, »gewiß zu anderen Zwecken gesprochen waren, die mir jedoch wie durch ein Wunder in Einklang zu stehen schienen mit der Lust des Augenblicks« (*S. 315*).

»Zu anderen Zwecken« bediente sich kurz vorher Ubertin des *Hohenlieds*. Als er Adson vor den Versuchungen des Fleisches warnt und ihm die unbefleckte Liebe ans Herz legt, weist er auf die Statue der Jungfrau Maria hin, die »›schön ist wie die Geliebte im Canticum Canticorum!‹« (*S. 295*) und zitiert genau den gleichen eindeutig erotisch gefärbten Vers »›Pulchra enim sunt ubera...‹« (»Schön nämlich sind die Brüste...«), den Adson etwas später in seiner keineswegs sublimierten Liebeserfahrung auf die durchaus körperlichen Reize des Mädchens anwendet (*S. 316*).

Denn auf einmal erschien mir das Mädchen ganz wie die schwarze, aber schöne Jungfrau, von der das Hohelied Salomonis spricht. Sie war angetan mit einem verschlissenen Kleid aus grobem Stoff, das sich recht schamlos über ihren Brüsten öffnete, und sie trug um den

4 Siehe, meine Freundin, du bist schön! Siehe, schön bist du! Deine Augen sind wie Taubenaugen hinter deinem Schleier. Dein Haar ist wie eine Herde Ziegen, die herabsteigen vom Gebirge Gilead.

2 Deine Zähne sind wie eine Herde geschorener Schafe, die

Hals eine Kette aus buntbemalten und sicher sehr billigen Steinen. Doch stolz erhob sich ihr Kopf auf einem weißen Hals, der wie aus Elfenbein war, ihre Augen leuchteten hell wie die Teiche zu Hesbon, ihre Nase war wie ein Turm auf dem Libanon, ihr Haar wie der Purpur des Königs in Falten gebunden. Ja, ihr Haar erschien mir wie eine Herde Ziegen, die am Berge lagern, ihre Zähne erschienen mir wie eine Herde Schafe, die frisch aus der Schwemme kommen und allzumal Zwillinge haben, und: »Du bist schön, meine Freundin, schön bist du«, kam es mir auf die Lippen, »dein Haar ist wie eine Herde Ziegen, die gelagert sind am Berge Gilead hernieder, deine Lippen sind wie eine scharlachfarbene Schnur, deine Wangen sind wie der Ritz am Granatapfel zwischen deinen Zöpfen, dein Hals ist wie der Turm Davids, mit Brustwehr gebaut, daran tausend Schilde hangen und allerlei Waffen der Starken.« Und ich fragte mich ebenso hingerissen wie bang, wer diese da sein mochte, die da aufging vor mir wie die Morgenröte, schön wie der Mond, strahlend wie die Sonne, *terribilis ut castrorum acies ordinata.*

Da trat sie noch einen Schritt näher zu mir, warf das Bündel, das sie bisher an ihre Brust gedrückt, in eine Ecke und hob von neuem die Hand, mir die Wange zu streicheln, und wiederholte noch einmal die Worte, aus der Schwemme kommen; alle haben sie Zwillinge, und keines unter ihnen ist unfruchtbar.

3 Deine Lippen sind wie eine scharlachfarbene Schnur, und dein Mund ist lieblich. Deine Schläfen sind hinter deinem Schleier wie eine Scheibe vom Granatapfel.

4 Dein Hals ist wie der Turm Davids, mit Brustwehr gebaut, an der tausend Schilde hangen, lauter Schilde der Starken.

5 Deine beiden Brüste sind wie junge Zwillinge von Gazellen, die unter den Lilien weiden.

6 Bis der Tag kühl wird und die Schatten schwinden, will ich zum Myrrhenberge gehen und zum Weihrauchhügel.

7 Du bist wunderbar schön, meine Freundin, und kein Makel ist an dir.

8 Komm mit mir, meine Braut, vom Libanon, komm mit mir vom Libanon, steig herab von der Höhe des Amana, von der Höhe des Senir und Hermon, von den Wohnungen der Löwen, von den Bergen der Leoparden!

9 Du hast mir das Herz genommen, meine Schwester, liebe Braut, du hast mir das Herz genommen mit einem einzigen Blick deiner Augen, mit einer einzigen Kette an deinem Hals.

10 Wie schön ist deine Liebe, meine Schwester, liebe Braut! Deine Liebe ist lieblicher als Wein und der Geruch deiner Salben übertrifft alle Gewürze.

die ich bereits von ihr vernommen. Und während ich noch zögerte, ob ich nun fliehen oder näher herantreten sollte, und es mir in den Schläfen dröhnte, als bliesen alle Posaunen Josuas, um die Mauern Jerichos krachend zusammenstürzen zu lassen, und es mich ebenso drängte wie schauderte, sie zu berühren, ging plötzlich ein strahlendes Lächeln über ihr Antlitz, und mit einem leisen Seufzer wie von einer Ziege, die sich hat erweichen lassen, löste sie die Bänder, die ihr Kleid über der Brust zusammenhielten, und streifte es ab und stand vor mir, wie Eva einst vor Adam gestanden sein mußte im Garten Eden. »*Pulchra sunt ubera quae paululum supereminent et tument modice*«, murmelte ich die Worte, die ich von Ubertin vernommen, denn ihre Brüste erschienen mir wie zwei junge Rehzwillinge, die unter Lilien weiden, ihr Nabel war wie ein runder Becher, dem nimmer mangelt würziger Wein, und ihr Bauch wie ein Weizenhaufen, umsteckt mit Rosen.

»*O sidus clarum puellarum*«, rief ich entzückt, »*o porta clausa, fons hortorum, cella custos unguentorum, cella pigmentaria!*« Und es zog mich hin zu ihrer Macht, und ich spürte die Wärme ihres Körpers und den herben Geruch niegekannter Salben. Und der Spruch schoß mit durch den Sinn: »Kinder, wenn euch die Liebesglut überkommt, gibt es kein Halten mehr«, und ich begriff, daß ich

11 Von deinen Lippen, meine Braut, träufelt Honigseim. Honig und Milch sind unter deiner Zunge, und der Duft deiner Kleider ist wie der Duft des Libanon.

12 Meine Schwester, liebe Braut, du bist ein verschlossener Garten, eine verschlossene Quelle, ein versiegelter Born.

13 Du bist gewachsen wie ein Lustgarten von Granatäpfeln mit edlen Früchten, Zyperblumen mit Narden.

14 Narde und Safran, Kalmus und Zimt, mit allerlei Weihrauchsträuchern, Myrrhe und Aloe, mit allen feinen Gewürzen.

15 Ein Gartenbrunnen bist du, ein Born lebendigen Wassers, das vom Libanon fließt.

(*Das Hohelied Salomos* 4, 1–15)

2 Wie schön ist dein Gang in den Schuhen, du Fürstentochter! Die Rundung deiner Hüfte ist wie ein Halsgeschmeide, das des Meisters Hand gemacht hat.

3 Dein Schoß ist wie ein runder Becher, dem nimmer Getränk mangelt. Dein Leib ist wie ein Weizenhaufen, umsteckt mit Lilien.

4 Deine beiden Brüste sind wie junge Zwillinge von Gazellen.

5 Dein Hals ist wie ein Turm von Elfenbein. Deine Augen sind wie die Teiche von Hesbon am Tor Bathrabbim. Deine Nase ist wie der Turm auf dem Libanon, der nach Damaskus sieht.

nichts mehr vermochte gegen die Regung, die mich trieb, mochte das, was ich da empfand, nun höllische Machenschaft oder himmlische Gabe sein. »*O langueo*«, rief ich aus, und: »*Causam languoris video nec caveo!*« Auch weil es von ihren Lippen wie Honig troff und ihre Beine wie Säulen waren und ihre Füße zierlich in den Sandalen standen und ihre Lenden sich bogen wie zwei Spangen, die des Meisters Hand gemacht hat. Oh Liebe, Tochter der Wonne, ein König hat sich in deiner Flechte verfangen, murmelte ich zu mir selbst, und dann lag ich in ihren Armen, und gemeinsam fielen wir auf den blanken Boden, und wenig später, ich weiß nicht, ob durch mein Betreiben oder durch ihre Kunst, sah ich mich meiner Kutte entledigt, und wir schämten uns nicht unserer Leiber, *et cuncta erant bona.*

Und sie küßte mich mit den Küssen ihres Mundes, und ihre Liebe war lieblicher denn Wein, und der Geruch ihrer Salben übertraf alle Würze, und ihre Wangen standen lieblich in den Kettchen und ihr Hals in den Schnüren. Siehe, meine Freundin, du bist schön, siehe, schön bist du, deine Augen sind wie Taubenaugen (murmelte ich), laß mich dein Angesicht sehen, laß mich deine Stimme hören, denn deine Stimme ist wohlklingend und dein Angesicht zauberhaft, du hast mich verzaubert, du hast mich vor Liebe krank gemacht, meine Schwe-

6 Dein Haupt auf dir ist wie der Karmel. Das Haar auf deinem Haupt ist wie Purpur; ein König liegt in deinen Locken gefangen.

7 Wie schön und wie lieblich bist du, du Liebe voller Wonne!

8 Dein Wuchs ist hoch wie ein Palmbaum, deine Brüste gleichen den Weintrauben.

9 Ich sprach: Ich will auf den Palmbaum steigen und seine Zweige ergreifen. Laß deine Brüste sein wie Tauben am Weinstock und den Duft deines Atems wie Äpfel.

(Ebenda, 7,2–9)

ster, du hast mir das Herz ge-
nommen mit deiner Augen ei-
nem und mit deiner Halsketten
einer, deine Lippen sind wie
triefender Honigseim, Honig
und Milch ist unter deiner Zun-
ge, deines Atems Duft ist wie
der Duft von Granatäpfeln, dei-
ne Brüste sind wie Trauben,
Trauben am Weinstock, dein
Gaumen ist wie erlesener Wein,
der meiner Liebe glatt eingeht,
der mir über Lippen und Zähne
fließt... Ein Gartenbrunnen bist
du, Narde und Safran, Kalmus
und Zimt, Myrrhen und Aloe.
Und ich schlürfte meinen Nek-
tar und meinen Honig, ich
trank meinen Wein und meine
Milch – wer war sie, wer, die da
aufging vor mir wie die Morgen-
röte, schön wie der Mond,
strahlend wie die Sonne und
schrecklich wie eine waffenstar-
rende Heerschar?
(S. 315–317)

Das Ausweichen auf die Worte des *Hohenlieds Salomos,* das der Erzähler gleich zu Beginn seines Berichts als seine Vergleichsbasis nennt, ist also eine sehr figurengerechte Lösung, um einen jungen Mönch die für ihn nie gekannte und auch in seinem weiteren Leben einmalig bleibende Situation mit Hilfe des ihm zur Verfügung stehenden Informationsstandes wiederzugeben. Die sich anschließende Schilderung folgt in ihrer beschreibenden Bildhaftigkeit genau dem biblischen Text, die einzelnen Aussagen sind nur teilweise anders angeordnet. Verändert ist grundsätzlich die Haltung des Sprechenden. Während die biblischen Lieder Preisgesänge darstellen, in denen sich zwei Liebende gegenseitig hymnisch ansprechen, spricht im Roman Adson allein in einem stärker distanzierten Bericht von den Vorgängen und beschreibt die Schönheit des Mädchens, so wie sie ihm erscheint. Nur an wenigen Stellen, wenn ihn seine Gefühle überwältigen, redet er seine Geliebte, die ihn ohnehin nicht versteht, da sie nur einen örtlichen Dialekt beherrscht, unmittelbar an, und dabei zitiert er natürlich wörtlich, zum Teil sogar den lateinischen Bibeltext. Somit bleibt das physische Erlebnis immer gebrochen durch den literarischen oder vielmehr theologischen Vergleichsrahmen und nimmt dadurch Züge einer mystischen Verzükkung an.

Bedeutungsvoll erscheint immerhin eine ganz unauffällige Abweichung vom Text der Vorlage. Wo es in der Bibel heißt: »Dein Leib ist wie ein Weizenhaufen, umsteckt mit Lilien« (*Hoheslied* 7,3), ersetzt Eco die biblische Symbolblume der Jungfräulichkeit durch *Rosen.* In der literarischen Tradition, etwa in der Marienlyrik, in Dantes *Divina Commedia* oder im altfranzösischen Rosenroman, um nur wenige auf der Hand liegende Beispiele zu nennen, vertritt die Rose die gleiche Symbolik der Reinheit, so daß der Grund für die Variation nicht auf der Ebene der Einzelaussage zu suchen ist.

Vielleicht wollte Eco die Wiederholung vermeiden, die sich dadurch ergeben hätte, daß er kurz vorher auf den Vers 4, 5 zurückgriff, in dem auch von Lilien die Rede ist. Andererseits sind gerade Wiederholungen das dominierende Stilmerkmal dieser Preislieder, in denen zwar eine ganze Reihe von Pflanzen erwähnt sind, doch wie auch sonst in der Bibel niemals Rosen vorkommen. Eco hat also diese winzige Veränderung genau im Hinblick auf seine titelgebende Rose in dieser für Adson so entscheidenden Szene ungefähr in der Mitte des Romans vorgenommen, was bereits erahnen läßt, mit welch bewußtem Konstruktionswillen das Buch verfaßt ist (→ I. Aufbau des Romans).

Das Evangelium nach Johannes 1, 1–2

Nicht alle Anleihen aus der Bibel sind so deutlich als solche gekennzeichnet wie die bisher besprochenen, wo sich diese

Markierung aus Gründen der erzählten Geschichte überhaupt nicht umgehen ließ, da entweder die betreffende Schrift dort eine eminente Rolle spielt oder aber der Erzähler aufgrund seiner eigenen Formulierungsnöte zur Flucht ins Zitat gezwungen ist. Anders liegen die Dinge bei den Anfangsversen des *Johannes-Evangeliums*, die Eco wörtlich an den Beginn seines Prologs setzt: »Am Anfang war das Wort, und das Wort war bei Gott, und Gott war das Wort. Dasselbe war im Anfang bei Gott.« (Siehe Farbabbildung nach S. 176)

Nun sind die formelhaften Anfangssätze des Johannes wohl jedem abendländischen Leser geläufig und bedürfen schon von daher keines auch noch so versteckten Quellenverweises. Darüber hinaus zielt Eco auch hier nicht unbedingt auf Originalität ab, wenn er seine Einleitungsworte Johannes überläßt. Das hat lange vor ihm bereits Luigi Pulci in seinem komischen Epos *Morgante* (Erstausgabe 1478) getan, das sich sonst nicht gerade als dogmatisch unbedenklich charakterisieren läßt. Dieser in Italien sehr volkstümliche Text beginnt ebenfalls mit dem Zitat von *Johannes 1,1*, wenn es dort auch im nachhinein in ein ironisches Licht gerückt wird. Dem mit deutscher Literatur vertrauten Leser drängt sich zweifellos die Faust-Reminiszenz auf, wo über die angemessenste Übertragung durch »Wort, Sinn, Kraft oder Tat« des längeren nachgedacht wird (Goethe: *Faust I*, Verse 1224–1237).

Daß die *Johannes*-Verse als Anfangsgestus eine besondere Ausstrahlung besitzen, liegt auf der Hand. Einmal haben sie gerade ihre eigene Funktion des Anfangs zum Thema, zum anderen handeln sie von der welterschaffenden Kraft des Wortes, einem Problem, dem sich Verfasser von Texten zu allen Zeiten stellen mußten. Nach der Vorstellung des Mittelalters war der göttliche Schöpfungsakt gemäß der patristischen Auffassung vom Wort analog der Arbeit des Schreibers zu sehen, das Geschaffene, nämlich die Welt, wurde folgerichtig als Buch aufgefaßt, in dem die Menschen die Größe Gottes lesen konnten.

Aus der Bibel wird nicht nur als Quelle ersten Grades geschöpft. Häufig wird auf Texte verwiesen, die an die Bibel anschließen, wie Kommentare, etwa den oben besprochenen Beatus von Liébana, Auslegungen, patristische Schriften usw. Einen speziellen Fall stellt in diesem Zusammenhang die *Cena Cypriani* dar, eine Bibelparodie, die fälschlicherweise Cyprianus, dem Bischof von Karthago aus dem 3. Jahrhundert, zugeschrieben wird. Im 9. Jahrhundert entstand dann eine zweite Fassung, die wahrscheinlich von Johannes Diaconus stammt, der zwar die erste Version noch deutlich erkennen läßt, jedoch Verbesserungen in bezug auf Rhythmus, sprachliche Ausgestaltung und syntaktische Verknüpfung vornimmt.

Diese Parodie schildert ein Festmahl in Anlehnung an die Hochzeit von Kanaa, bei dem alle möglichen Figuren des Alten und des Neuen Testaments Revue passieren. Vorwiegend werden sie nach dem Prinzip reihender Aufzählung genannt und mit bestimmten Attributen versehen oder sie führen jeweils gewisse Tätigkeiten aus, die häufig in verrätselter Formulierung ausgedrückt werden. Dabei werden viele biblischen Aussagen verzerrt oder gar auf den Kopf gestellt. Das Ganze wirkt in seiner lapidaren Präsentation wie eine Versammlung komischer Figuren, die sinnentleerte Handlungen vollziehen.

Von der *Cena* ist im Roman mehrfach die Rede, da sie sowohl in der erzählten Geschichte als auch als eingeblendeter Text eine herausragende Funktion hat. Sie ist einer der zentralen Texte, die bei den Diskussionen über das Lachen und die Komik immer wieder erwähnt werden. Der Abt hat ihre Lektüre verboten, doch die meisten Mönche haben sie heimlich gelesen. Außerdem steht sie in engem Zusammenhang mit dem ominösen Buch, um das sich die Kriminalgeschichte dreht. Bezeichnenderweise ist es jedoch wieder nicht die *Cena* selbst, die mit dem zweiten Band der *Poetik* des Aristoteles und anderen Schriften in dem gesuchten Buch zusammengebunden ist, sondern ein Kommentar dazu von einem Magister Alcofriba. Diesen Kommentator hat sich Eco bei Rabelais (1494?–1553) ausgeliehen, der unter dem Anagramm Alcofribas Nasier – einer Umstellung der Buchstaben seines eigenen Namens François Rabelais – seine phantastischen Geschichten *Pantagruel und Gargantua* (ersch. v. 1532–1564) veröffentlichte. Maître Alcofribas tritt dort auch selbst auf, und ihm verdankt die Bibliothek von Saint Victor in Paris den berühmten Katalog ihrer angeblichen Bestände.

Die *Cena* nimmt eine Funktion zwischen Handlungselement und Textvorlage ein, wenn Remigius sie in seiner wahnsinnigen Rede während des Prozesses als Anleitung zur schwarzen Magie nennt, gemäß »dem okkulten Buch des Sankt Cyprianus« (*S. 496*), und in seinen darauffolgenden Beschwörungen der höllischen Heerscharen den Stil der *Cena* nachahmt.

Als eindeutig textbildendes Muster schließlich fungiert sie in Adsons großer Vision während des *Dies irae*, aus der hier nur ein Abschnitt stellvertretend besprochen wird.

Sobald die beiden Prozessionen sich derart aufgelöst hatten, gab der Abt ein Zeichen, und Salomo begann, den Tisch zu dekken. Jakob und Andreas brachten einen Heuhaufen herein, und Adam setzte sich mitten darauf, Eva legte sich auf ein Feigenblatt, Kain schleppte einen Pflug herbei, Abel kam mit einem Eimer, um Brunellus zu melken, Noah ruderte hoch auf der Arche herein, Abraham setzte sich unter einen Baum, Isaak legte sich auf den goldenen Kirchenaltar, Moses hockte sich auf einen Stein, Daniel erschien auf einem tragbaren Katafalk Arm in Arm mit Malachias,

Und so setzte sich als erster von allen
Adam in die Mitte, Eva auf die Blätter,
Kain auf den Pflug, Abel auf den Melkeimer,
Noah auf die Arche, Jafet auf die Seitenflügel,
Abraham unter den Baum, Isaac auf den Altar,
Jakob auf den Fels, Loth neben die Tür,
Moses auf den Stein, Elias auf das Fell,
Daniel auf die Tribüne, Tobias auf das Bett,
Joseph auf den Scheffel, Benjamin auf den Sack,
David auf den kleinen Berg,

Tobias legte sich auf ein Bett, Joseph stürzte sich auf einen Scheffel, Benjamin setzte sich auf einen Sack, und weiter hinten sah ich, aber hier wurde die Vision etwas unscharf, David auf einem kleinen Berg, Johannes auf dem Boden, Pharao im Sand (natürlich, dachte ich, aber wieso?), Lazarus auf einem Tisch, Jesus am Rande des Brunnens, Zachäus im Gezweig eines Baumes, Matthäus auf einem Schemel, Rahab auf einem Flachsbündel, Ruth auf einer Strohmatte und Thekla auf dem Fensterbrett (von draußen schaute bleichen Gesichtes Adelmus herein und warnte sie, da könne man leicht hinunterfallen, tief in die Schlucht hinunter), noch weiter hinten sah ich Susanna im Bade, Judas zwischen den Gräbern, Petrus auf einem Stuhle, Jakob auf einer Leiter, Elias auf einem Sattel, und ganz hinten, nur noch ein kleines Stück Weges bis Ephrath, Rahel auf einem Beutelsack. Und Paulus hörte geduldig zu, wie Esau schimpfte, und Hiob saß jammernd im Kot, und Rebekka brachte ihm einen Rock und Judith eine Decke und Hagar ein Leichentuch, während die Novizen einen großen dampfenden Kessel hereinschleppten, aus dem Venantius von Salvemec sprang, rot von oben bis unten, um Blutwürste zu verteilen.
(S. 545f.)

Johannes auf die Erde,
Pharao in den Sand, Lazarus auf den Tisch,
Jesus auf den Brunnen, Zachäus auf den Baum,
Matthäus auf den Schemel,
Rebecca auf den Wasserkrug,
Rahab aufs Werg, Ruth aufs Stroh,
Thekla aufs Fenster, Susanna in den Garten,
Abessalon ins Laub, Judas auf die Gräber,
Petrus auf den Sessel, Jakobus aufs Netz,
Samson auf die Säule, Eli auf den Amtsstuhl,
Rachel auf den Packsack,
Geduldig stand Paulus, und es murmelte Esau,
Und es klagte Hiob, weil er allein im Mist saß.

Primus itaque omnium sedit
Adam in medio, Eva super folia,
Cain super aratrum, Abel supra mulgarium,
Noe super arcam, Iafeth super lateres,
Abraham sub arbore, Isaac super aram,
Iacob supra petram, Loth iuxta hostium,
Moyses super lapidem, Helias super pellem,
Danihel super tribunal, Tobis super lectum,
Ioseph super modium, Beniamin super saccum,
David super monticulum, Johannes in terra,
Pharao in arena, Lazarus in tabula,
Iesus super puteum, Zacchaeus super arborem,
Matthaeus super scannum, Rebecca super hydriam,
Raab super stuppam, Ruth super stipulam,
Thecla super fenestram, Susanna in horto,
Abessalon in frondibus, Iudas super loculum,
Petrus super cathedram, Jacobus super retem,
Samson super colonnam, Heli super sellam,
Rachel super sarcinam.
Patiens stabat Paulus, et murmurabat Esau,
et dolebat Iob, quod solus sedebat in stercore.

(*Cena Cyprianus,* Verse 9–28)

Adam pater sedit primus cunctorum in medium,
Eva mater heu lasciva fici super folium,
Et Cain super aratrum, Abel in mulctrarium,
Super arcam sedit Noe, Iafet super laterem,
Isaac super altare, Abraham sub arbore,
Iacob sedit super petram et Loth secus hostium,
Moyses super lapillos, Helias in pellibus,
Danihel super tribunal, Tobias in lectulum,
Beniamin sedit in saccum, Ioseph super modium,
Iohannes in terram sedit, David in monticulum,
Pharao rex in arenam, Lazarus in tabulam,
Zacheus in sicomorum, Iesus super puteum,
Matheus sedit in scamnum, Rebecca in ydriam,
Thecla sedit in fenestra, Ruth in stuppa recubat,
Susanna sedit in orto, in ramis Abessalon,
Petrus sedit in cathedra. Iudas super loculum,
Samson sedit in columpnas, super rete Iacobus,
Heli senex super sellam. Rachel super sarcinam.
Patienter stabat Paulus. murmurabat Esau,
Et dolebat Iob, sederet quod solus in stercore.

(*Iohannis diaconi versiculi de Cena Cypriani,* Verse 13–32)

Da sich die Veränderungen vorwiegend auf Wortstellung, Wiederholung des Prädikats ›sedit‹ sowie Einfügung von Personenbezeichnungen wie ›pater, mater, rex, senex‹ (Vater, Mutter, König, Greis) beschränken, erübrigt sich eine Übersetzung der zweiten Fassung.

Im Roman erfüllt die zitierte Vorlage die Aufgabe, Adsons verworrene Gedanken in einer Art von Vision oder Traum – beide Möglichkeiten werden im Text erwähnt (*S. 542*) – zu schildern. Dabei beschränkt sich Ecos Anverwandlung vorwiegend darauf, in den ziemlich getreu übernommenen Text einzelne Zwischenglieder einzuschalten, die auf die Ereignisse der vorausgegangenen Tage zurückgreifen und damit die Bibelparodie, die Adson in seiner frühen Jugend einmal gelesen hat, mit seinen unmittelbar vorausliegenden aufregenden Erlebnissen zu verknüpfen. Auch hier wird dadurch der fremde Text wiederum in die Perspektive einer Romanfigur eingebunden. Erkannt wird die Quelle all der wirren Bilder jedoch nicht von Adson selbst, was bei einer solchen visionären Schau auch eine völlig unangemessene logische Durchdringung durch den Träumenden selbst darstellen würde. Es ist erst William, der, nach Adsons genauer Schilderung seines Traums, dessen Ursprung in der *Cena Cypriani* lokalisiert (*S. 556*). Genau diese Identifizierung hilft ihm dann selbst weiter bei seiner Suche nach dem geheimnisvollen Buch, so daß es Adson ist, der ihm indirekt, nämlich nicht durch rationales Schlußfolgern, sondern durch irrationales Träumen den entscheidenden Hinweis liefert.

Verkehrte Welt

Das Thema ist nicht erst im Mittelalter aktuell. Die ›Zeitklage‹ über den Verfall der Sitten wird bereits in der Antike durch bestimmte paradoxe Aussagen, sogenannte ›Adynata‹, ausgedrückt, die in einem aneinanderreihenden Verfahren zum Motiv der ›Verkehrten Welt‹ verdichtet werden. Die Klage über das Vergreisen der Welt klingt in dem

Roman, der schließlich von einer Art Weltuntergang handelt, vom Anfang bis zum Schluß immer wieder an. Vereinzelt jedoch nimmt sie breiteren Raum ein und bedient sich dazu des traditionellen Themas der ›Verkehrten Welt‹. Dazu wählte Eco unter den vielfältigen Mustern, die ihm zur Verfügung standen, einmal die Ausgestaltung in den *Carmina Burana.*

»Die Menschen von ehedem waren groß und schön, die heutigen sind wie unreife Kinder und Zwerge, doch diese Tatsache ist nur eine der vielen, die das Elend unserer vergreisenden Welt bezeugen. Die Jugend will nichts mehr lernen, die Wissenschaft ist im Verfall, die ganze Welt steht auf dem Kopfe, Blinde führen andere Blinde und lassen sie in die Grube stürzen, die Vögel schießen hernieder, bevor sie sich in die Lüfte erheben, der Esel spielt auf der Leier, die Ochsen drehen sich im Tanz. Maria liebt nicht mehr das kontemplative Leben und Martha liebt nicht mehr das tätige Leben, Lea ist unfruchtbar, Rahel schaut lüstern drein, Cato geht ins Bordell und Lukrez wird weibisch. Alles ist abgewichen von seinem vorgezeichneten Wege. Dank sei dem Herrn, daß ich in solch finsteren Zeiten einen Lehrmeister hatte, der mir die Wißbegier einflößte und den Sinn für den aufrechten Gang, welcher nicht wankt noch weicht, auch wenn der Weg holprig wird.«

(S. 22)

Die gute alte Zeit

Es blühte sonst das studium,
heut kehrt es sich ins bummeln um.
die wissenschaft galt einst als ziel,
doch obenauf ist nun das spiel.

Wie werden heute vor der zeit
die grünen jungen so gescheit!
der brotneid macht sich breit im haus
und wirft die weisheit frech hinaus.

Vor zeiten, ach wie weit entfernt,
hat einer niemals ausgelernt,
kaum daß etwa mit neunzig jahr
sein ruhestündlein kommen war.

Jetzt laufen nach zehn jahren schon
die buben aus der lehr davon,
gehn recht wie meister ins geschirr
und führen blind die blinden irr.

Der piepmatz keck die flügel regt,
herr langohr gar die saiten schlägt,
der ochs bei hofe vortanz hält
und junker Karsthans rückt ins feld.

»So offenbart sich das Wort des Herrn im Esel, der auf der Leier spielt, im Tölpel, der mit dem Schilde pflügt, im Ochsen, der sich von allein vor den Pflug spannt, in Flüssen, die den Berg hinauffließen, in Meeren, die sich entzünden, im Wolf, der zum frommen Einsiedler wird! Jagt die Hasen mit Ochsen, laßt euch die Grammatik von den Spatzen beibringen, die Hunde mögen die Flöhe beißen, die Blinden mögen die Stummen betrachten, und die Stummen schreien nach Brot! Die Ameisen mögen Kälber gebären, gebratene Hühner fliegen, die Fladenkuchen wachsen auf Dächern, die Papageien halten Rhetorikkurse, die Hennen bespringen die Hähne, spannt die Karren vor die Ochsen, laßt die Hunde in Betten schlafen und laßt uns alle hinfort auf den Köpfen gehen! Was sollen all diese Possen? Eine verkehrte Welt, erfunden als Gegenteil der von Gott geschaffenen unter dem Vorwand, Gottes Gebote zu lehren!«

(S. 107)

Gregorius mit üblem fug
führt seine fehden hinterm
krug,
und Hieronymus gelahrt
katzbalget um des kaisers bart.

Vom korn spricht Augustinus
fein,
und Benedictus red't vom wein,
sie halten gar geheimen rat
bei meister garkoch früh und
spat.

Marien fällt das sitzen schwer,
und Martha mag nicht schaffen
mehr;
der Lea schoß ist kinderöd,
und Rahels augen werden blöd.

Des Cato strenger tugendsinn
kehrt sich zu feilen dirnen hin,
und der Lucretia keusche ehr
gibt sich zu schnöden lüsten
her.

Was unsre alten stolz verschmäht,
bei uns in hellem glanze steht:
es tauschen heute warm und
kalt
und feucht und trocken die
gestalt.

Die tugend um ins laster
sprang,
aus fleiß ist worden müßiggang,
und alles drängt aus seinem
kreis
und keiner bleibet im geleis.

Ein kluger mann bedenk' es
nun:
die mitschuld tracht' er abzutun;
denn sonst am tage des gerichts
»Herr, Herr« zu sagen hilft ihm
nichts.

(Lieder der Vaganten)

Florebat olim studium

Florebat olim studium,
nunc vertitur in taedium.
iam scire diu viguit,
sed ludere praevaluit.

Iam pueris astutia
contingit ante tempora,
qui per malevolentiam
excludunt sapientiam.

Sed retroactis saeculis
vix licuit discipulis
tandem nonagenarium
quiescere post studium.

At nunc decennes pueri
decusso iugo liberi
se nunc magistros iactitant,
caeci caecos praecipitant.

Implumes aves volitant,
brunelli chordas incitant,
boves in aula saltitant,
stivae praecones militant.

In taberna Gregorius
iam disputat inglorius,
severitas Jeronimi
partem causatur oboli.

Augustinus de segete,
Benedictus de vegete
sunt colloquentes clanculo
et ad macellum sedulo.

Mariam gravat sessio,
nec Marthae placet actio;
iam Liae venter sterilis,
Rachel lippescit oculis.

Catonis iam rigiditas
convertitur ad ganeas,
et castitas Lucretiae
turpi servit lasciviae.

Quod prior aetas respuit,
iam nunc clarius claruit,
iam calidum fit frigidum
et humidum fit aridum.

Virtus migrat in vitium,
opus transit in otium,
nunc cuncta rerum debita
exorbitant a semita.

Vir prudens hoc consideret,
cor mundet et exoneret,
ne frustra dicat: Domine!
in ultimo examine.

(*Carmina Burana*)

Der Romantext verkürzt hier (*S. 22*) beträchtlich und beschränkt sich auf einige schlagende Beispiele. Das mag damit zusammenhängen, daß die Aussage der nicht genannten Quelle ohnehin darin besteht, die gleiche These mit immer neuen Beispielen in wiederholender Intensivierung zu untermauern und daß dasselbe Thema im Roman noch mehrfach zur Sprache kommt.

Eine erstaunliche Abweichung ist zu verzeichnen: Lucretia aus Strophe 9 des mittellateinischen Vagantenliedes erscheint im Roman als Lukrez. War die antike Lucretia ebenso wie Cato eine traditionelle Beispielfigur der Tugend, so ist der lateinische Dichter nie in irgendeiner Hinsicht sprichwörtlich geworden. Ecos unverständliche Veränderung scheint schlichtweg die Folge eines Druckfehlers im italienischen Original, wo aus Lucrezia unbemerkt ein Lucrezio wurde, der dann sein weiteres Leben in den Übersetzungen fristet. Die ihm zugeordnete Qualität müßte eigentlich mit ›Dirne‹ wiedergegeben werden. »Habent sua fata libelli!« (Terentianus Maurus, *De litteris, syllabis et metris*, Vers 258, Ende des 3. Jahrhunderts) oder mit Goethe: »Auch Bücher haben ihr Erlebtes« (*Sprüche in Prosa. Ethisches* II, Nr. 153)!

Die spätere Entfaltung des Themas (*S. 106*), das übrigens auch das Material für die Ausmalung der Handschriften mit Miniaturen liefert (*S. 103*), läßt sich nicht in gleicher Weise eindeutig verorten, doch kann man an ihr ein Verfahren des Zitierens beobachten, das auch sonst im Roman noch vielfach festzustellen ist: Eco übernimmt hier eine Reihe von ›unmöglichen Dingen‹, die sich alle im Kapitel über ›Verkehrte Welt‹ des großen Mittelalterbuches von Ernst Robert Curtius *Europäische Literatur und lateinisches Mittelalter* wiederfinden.

Auch Curtius beginnt seine reichhaltige Materialsammlung mit dem zitierten Lied der *Carmina Burana*, bespricht die Behandlung der Thematik seit der Antike und gibt zahlreiche Belegstellen, die selbstverständlich hier viel schneller greifbar sind als in den verschiedenen Originalquellen. Curtius' ›Summe‹ wird auch sonst von Eco eifrig als Steinbruch benutzt. Wir haben es hier also mit Zitaten von Zitaten, sozusagen mit Zitaten aus zweiter Hand, zu tun, einer Technik, die sich nahtlos in die ganze Diskussion über Bücher über Bücher oder Texte im Text einpaßt.

Isidor von Sevilla (600/01–636) ›Etymologiae‹

Daß für ein Werk über das Mittelalter das große Kompendium *Isidori Hispalensis episcopi Etymologiarum sive ori-*

ginum Libri XX eine Fundgrube ist, versteht sich von selbst. Bietet Isidor doch ein wahres Mosaik antiker und christlicher Gelehrsamkeit aus allen möglichen Wissensgebieten. Die gewählte Darstellung in Form von Worterklärungen folgt dem seit der Antike beliebten Muster der ›Etymologie als Denkform‹ (Curtius). Unschwer ließe sich eine Fülle von Information in Ecos Roman aus Isidor belegen, außerdem erinnern Worthäufungen, stilistische Reihungsverfahren, Überschüttung des Lesers mit Material deutlich an die fundamentale Zusammenstellung des menschlichen Wissens in den *Etymologiae.* Doch möge ein Beispiel genügen, da das Verfahren sich beständig wiederholt.

Ich sah das Lamm, das seinen Namen erhielt wie zur Anerkennung seiner Unschuld und Reinheit. Denn der Name *agnus* kommt daher, daß dieses Tier *agnoscit,* es erkennt seine Mutter stets wieder, es erkennt sogar ihre Stimme im Geblöke der Herde, während die Mutter unfehlbar unter allen Lämmern von gleicher Gestalt und Stimme stets ihren Sprößling wiedererkennt und nährt. Ich sah das Schaf, *ovis* genannt *ab oblatione,* weil es seit frühesten Zeiten als Opfertier dient; das Schaf, das beim Nahen des Winters gemäß seiner Art begierig die Gräser frißt und sich den Leib füllt mit Nahrung, ehe die Weiden unter der Kälte verdorren. Und gehütet wurde die Herde von Hunden, *canes* genannt von *canor* wegen ihres Gebells. Der Hund, ein vollendetes Tier mit erlesenen Fähigkeiten, erkennt jederzeit seinen Herrn, läßt sich zur Jagd auf das Wild in den Wäldern abrichten,

Das Lamm (agnus) nennen auch die Griechen ἀπὸ τοῦ ἁγνοῦ, sozusagen fromm, die Lateiner aber glauben, daß es diesen Namen trägt, weil es vor allen anderen Lebewesen seine Mutter erkennt (agnoscit); und zwar so sehr, daß es, selbst wenn es in einer großen Herde herumirrt, sofort im Geblöke die Stimme der Mutter wiedererkennt.

Das Schaf (ovis), ein Tier mit weicher Wolle, einem wehrlosen Körper, friedlichem Charakter, wird wegen des Opfers (oblatione) so genannt; deshalb, weil bei den Alten anfangs nicht Stiere, sondern Schafe beim Opfer geschlachtet wurden.

Der lateinische Namen für Hund (canis) scheint eine griechische Etymologie zu haben; auf Griechisch wird er nämlich κύων genannt. Auch wenn manche meinen, er werde wegen des Klangs des Gebells so genannt,

zur Bewachung der Herde vor Wölfen, zum Schutz des Heimes und der Sprößlinge seines Herrn, und er findet bisweilen sogar in Ausübung seiner Dienste den Tod.

(*S. 360f.*)

deswegen weil er Laut gibt; woher sich auch canere (singen) ableitet. Es gibt nichts Scharfsinnigeres als Hunde; sie besitzen nämlich mehr Verstand als die anderen Tiere. Denn sie allein erkennen ihre Namen wieder; sie lieben ihre Herren; sie verteidigen die Häuser ihrer Herrn; für ihre Herrn erleiden sie den Tod; gern gehen sie mit den Herrn auf Beute; auch den toten Körper ihrer Herrn verlassen sie nicht. Denn schließlich ist es ihre Natur, nicht ohne Menschen sein zu können.

Agnum quamquam et Graeci vocent (ἀπὸ τοῦ ἁγνοῦ, quasi pium, Latini autem ideo hoc nomen habere putant, eo quod prae ceteris animantibus matrem agnoscat; adeo ut etiam si in magno grege erraverit, statim balatu recognoscat vocem parentis.

(*Etymologiae* XII, 1, 12)

Ovis molle pecus lanis, corpore inerme, animo placidum, ab oblatione dictum; eo quod apud veteres [in] initio non tauri, sed oves in sacrificio mactarentur.

(Ebenda, XII, 1, 9)

Canis nomen Latinum Graecam etymologiam habere videtur; Graece enim κύων dicitur. Licet eum quidam a canore latratus appellatum existiment, eo quod insonat; unde et canere. Nihil autem sagacius canibus; plus enim sensus ceteris animalibus habent. Namque soli sua nomina recognoscunt; dominos suos diligunt; dominorum tecta defendunt; pro dominis suis se morti obiciunt; voluntarie cum domino ad praedam currunt; corpus domini sui etiam mortuum non relinquunt. Quorum postremo naturae est extra homines esse non posse.

(Ebenda, XII, 1, 25)

Die unmarkierte Übernahme selbst bedarf wohl keines Kommentars. Interessant jedoch ist die Einfügung der Entlehnung in den umgebenden Text und die ihr damit verliehene völlig neue Funktion. Der Abschnitt steht im Kontext von Adsons Verarbeitung seines Liebeserlebnisses, als er das Mädchen in allen Erscheinungen der Natur um ihn herum zu sehen glaubt und sich deshalb ihrer Kontemplation hingibt. Der Satz unmittelbar vor der zitierten Passage lautet: »Wie schön war das Schauspiel der Natur, noch unberührt von der oft perversen Weisheit der Menschen!« (*S. 360*). Genau daran schließt sich die etymologisierende Vorstellung der beobachteten Tiere an, deren Namen in geradezu waghalsiger Weise aus einer Beziehung zwischen gemeinter Sache (res) und Bezeichnung (verbum) hergeleitet werden. Das Ganze wird durch den Vorsatz in ein höchst ironisches Licht gerückt, und die »perverse Weisheit der Menschen«, die Adson der Natur abspricht, prägt de facto seinen Bericht und charakterisiert ihn selbst auf indirekte Weise.

Storia di Fra Michele Minorita

Die anonyme Chronik des Fra Michele vom Ende des 14. Jahrhunderts liefert die unverstellt eingearbeitete Geschichte dieses Fratizellen (→ VI. Geschichtl. Hintergrund), dessen Verurteilung und Hinrichtung Adson während seiner Reise durch Italien vor seinem Zusammentreffen mit William in Florenz erlebt. Adson erzählt sie als Rückblick im Anschluß an die Ausführungen Ubertins über Fra Dolcino und nach seiner eigenen Lektüre über diesen Ketzer bei seinem zweiten nächtlichen Besuch im Skriptorium. Die Schilderung dieses Erlebnisses, das ja vor den Ereignissen der eigentlichen Romanhandlung liegt, schließt sich bruchlos an den gelesenen Bericht von der Hinrichtung Fra Dolcinos und Margaretas an. Adson hat somit Gelegenheit, das Gelesene aus eigener unmittelbarer Anschauung eines ähnlichen Verfahrens zu bestätigen. Daher wird die ausführliche Erzählung (*S. 299–308*) auch nicht als Textübernahme ausgewiesen. Sie dient im Roman vowiegend der Erstellung historischen Kolorits.

Schließlich traten wir durch das Tor hinaus, und vor unseren Augen erhob sich der Scheiterhaufen oder das »Hüttchen«, wie die Florentiner sagten, weil die Balken in Form einer kleinen Blockhütte übereinandergeschichtet waren, und es wurde ein Kreis aus bewaffneten Reitern gebildet, damit das Volk nicht zu nahe herankam. Dann ward Michele an den Pfahl gebunden. Und wieder hörte ich einen schreien: »Was ist das nur, wofür du sterben willst?« und er antwortete: »Es ist eine Wahrheit, die in mir wohnt und die ich nur bezeugen kann, indem ich sterbe.« Das Feuer wurde entzündet, und Fra Michele, der schon das *Credo* gesungen hatte, stimmte nun auch das *Te Deum* an. Er mochte vielleicht acht Verse davon gesungen haben, da beugte er sich auf einmal nach vorn, als müsse er niesen, und fiel zu Boden, denn die Stricke waren verbrannt. Und da war er schon tot, denn lange bevor der Körper gänzlich verbrennt, stirbt man bereits an der Hitze, die einem das Herz zerspringen läßt, und an dem Rauch, der einem die Lungen füllt.

(*S. 307*)

Und als sie bei dem »Hüttchen« angekommen waren, ließ die Bewachung die Leute entfernen, und der Ausrufer verkündete, daß jeder sich entfernen solle. Und sie bildeten einen Kreis mit den Pferden, so daß nur wenige Leute in den Kreis eintreten konnten; und ich ging nicht hinein, sondern stieg auf die Mauer des Arno, so daß ich einen Teil der Dinge sehen konnte, aber nichts hörte. Als Fra Michele beim »Hüttchen« angelangt war, trat er mutig hinein, wie es mir schien und wie ich von den Leuten hörte; und als er an den Pfahl gebunden war, steckten viele den Kopf hinein und baten ihn, er solle sich bekehren; und er blieb immer standhafter. Und nach dem, was jemand mit Sicherheit behauptete, antwortete er, als ihm jemand gesagt hatte: »Weswegen willst du sterben?« – »Es ist eine Wahrheit, die in mir wohnt, die man nicht anders bezeugen kann als mit dem Tod.« Dann entzündeten sie einige Male Feuer um das »Hüttchen«, um ihm Angst einzujagen und taten viele furchterregende Dinge. Und die Leute rings umher baten ihn, er solle sich bekehren, außer einem Gläubigen, der ihn bestärkte. Außerdem hörte ich, daß man ihm einen Jungen mit den Soldaten der Prioren zeigte, der vom Zehnerrat kam, um ihn heil und unbeschadet zurückzuführen, wenn er sich bekehre. Und als ein Anführer seine Standhaftigkeit sah, sagt er: »Wer ist das, der den Teufel im Leibe überwunden hat?« Und jener Junge antwortete: »Vielleicht Christus«. Nach langen Anfechtungen, die sie ihm bereiteten, steckten sie das »Hüttchen« in Brand. Daraufhin begann Fra Michele das *Tedeum* zu singen, nachdem er das *Credo* aufgesagt hatte (das er beim Betreten des »Hüttchens« begonnen hatte) und nach den Antworten, die er gab, als er spürte, daß das Feuer entfacht war; und wie jemand sagte, sang er vielleicht acht Verse und nahm dann eine Haltung ein, als ob er nieste und sagt als letztes Wort: *in manus tuas, Domine, commendo spiritum meum* (in deine Hände, Herr, befehle ich meinen Geist). Nachdem die Fesseln verbrannt waren, fiel er auf die Knie zur Erde, das Gesicht gen Himmel und mit offenem Mund, tot.

XXXIV. E giunto al capannuccio, la famiglia fece scostare la gente, e il banditore bandi, ch' ogni uomo si scostasse. E feciono uno cerchio de' cavagli, onde poca gente potè entrare nel cerchio; e io non v'entrai, ma salii in su il muro de l'Arno, si che potea vedere parte delle cose, ma non udire.

XXXV. Giunto che fu al capannuccio, F. M., secondo mi parve vedere, e ch'io udii dalla gente, arditamente v'entrò dentro; et essendo legato alla collonna, molti mettevano il capo dentro, pregandolo che si volgesse; ed egli stava sempre più forte. E, secondo che disse uno di certezza, ch'e'gli avea detto: che è questo il perchè tu vuogli morire? rispuose: questa è una verità, ch'io ò albergata in me, della quale non se ne può dare testimonio, se non morto. Poi per ispaurillo, alquante volte fecero fumo intorno al capannuccio, e molti ispaurimenti. E la gente d'intorno il pregava, che si svolgessi; eccetto alcuno fedele, che 'l confortava. Oltra questo, udii che gli fu mostrato uno giovane co'fanti de'priori, che venia da parte de'Dieci, per rimenarlo sano e salvo, se si svolgesse. E veggendo uno comandatore la sua fermezza, disse: ch'è? ch'à attraversato il diavolo addosso? E quel giovane rispuose: forse àe Cristo. In fine delle molte battaglie che gli diedono, missono fuoco di sopra nel capannuccio. Fatto questo, F. M., dappoi ch'ebbe detto il *Credo* (che il cominciò all'entrata del capannuccio), e dopo le riposte che fece, come senti appiccato il fuoco, cominciò a cantare il *Tadeo*; e, secondo che dice alcuno, ne cantò forse otto versi, e poi tenne uno atto, come se starnutisse, dicendo la sezzaia parola: *in manus tuas, Domine, commendo spiritum meum*. Arsi che furono i legami, cadde in terra ginocchione, colla faccia verso il cielo e la bocca tonda, morto.

(*Storia di Fra Michele Minorita,* S. 53–56)

Der umständliche mittelalterliche Chronikstil mit vielen Nebensätzen sowie den vielfachen Wiederholungen ist im Roman merklich geglättet. Der Text wird stark gerafft, auf das Wesentliche des Geschehnisablaufs konzentriert und zielstrebig auf das Ende hin ausgerichtet.

Mario Praz ›Liebe, Tod und Teufel‹

Ein Mittelalter-Roman braucht sich nicht zu beschränken auf die Verarbeitung authentisch mittelalterlicher Vorlagen, auch spätere Quellen können durchaus in Anspruch genommen werden. Außerdem sind mittelalterliche Stoffe und Motive ohnehin vielfach als literarisches Material beliebt, etwa in der Romantik und gerade im Schauerroman, dem Ecos Text ja in manchem nahesteht (→ IV. Romantypen). So kann das Mittelalter Züge annehmen, die ihm ursprünglich die »gothic novel« verlieh, und es entsteht ein bereits romantisch gebrochenes Mittelalterbild. Dazu kommt, daß Eco die Motive, die die Nähe zum Schauerroman herstellen, nicht unbedingt den Primärquellen entnommen hat. Die Nachtseite der europäischen Romantik nämlich wird als schaurig-schöner Reigen dekadenter Gestalten, die alle möglichen Spielarten lustvoller Verderbtheit veranschaulichen, in Mario Praz' Standardwerk *Liebe, Tod und Teufel* (1930), mit dem treffenden deutschen Untertitel *Die schwarze Romantik*, vorgeführt. Doch ist

Praz nicht nur für mehr oder minder deutlich anklingende Themen verantwortlich. Der Roman übernimmt auch die Charakterisierung einer Figur, des Bibliothekars Malachias von Hildesheim, dessen Porträt aus Ann Radcliffes Schauerroman *The Italian, or The Confessional of the Black Penitents* von 1797 Praz wörtlich abdruckt. Auch diese Stelle wird natürlich nicht als entlehnt gekennzeichnet, da es hier nicht um Angelesenes, sondern um die Einführung einer Person auf der Handlungsebene geht. Markiert werden können logischerweise ja nur Texte, die die Figuren der Geschichte auch gelesen haben können.

Allerdings hatte ich keine Zeit, ihre Arbeit genauer zu beobachten, denn schon eilte der Bibliothekar herbei, den wir bereits als Malachias von Hildesheim kannten. Er gab sich Mühe, seinem Antlitz einen Ausdruck des Willkommens zu geben, aber das änderte nichts daran, daß ich angesichts dieser einzigartigen Physiognomie unwillkürlich erschrak. Seine Gestalt war hoch, und seine Glieder wirkten trotz ihrer extremen Magerkeit groß und grobknochig, und wie er da in seiner schwarzen Kutte mit langen Schritten rasch auf uns zukam, hatte er etwas Beunruhigendes, ja Unheimliches. Die Kapuze, die er noch nicht abgestreift hatte, da er gerade von draußen kam, warf auf sein bleiches Gesicht einen Schatten, der seinen großen melancholischen Augen etwas Schmerzliches gab. Tiefe Furchen in seinen Zügen kündeten von vergangenen, einstmals offenbar wilden und nun von Willen gebändigten Leidenschaf-

Seine Figur war auffallend... Er war hochgewachsen; und, obgleich er ungewöhnlich mager war, waren seine Glieder groß und ungeschlacht; wenn er, in sein schwarzes Ordensgewand gehüllt, einherschritt, hatte seine Erscheinung etwas Schreckliches, ja geradezu Übermenschliches. Auch seine Kapuze, die auf die fahle Blässe des Antlitzes einen Schatten warf, verstärkte den Charakter der Strenge und verlieh den großen, melancholischen Augen einen an Grauen grenzenden Ausdruck. Seine Schwermut war nicht die Folge eines durch Gefühle verwundeten Herzens, sondern offensichtlich die Schwermut einer düsteren und wilden Veranlagung. In seiner Physiognomie lag etwas äußerst Ungewöhnliches, was sich nicht leicht beschreiben läßt. Sie trug die Spuren vieler Leidenschaften, welche in seinen nunmehr erloschenen Zügen festgehalten schienen. Düsterkeit und Strenge, die zur Gewohnheit geworten. Wehmut und Ernst beherrschten sein Antlitz, und seine Augen waren so stechend, daß sie mit einem einzigen Blick tief ins Herz seines Gegenübers einzudringen und seine geheimsten Gedanken zu lesen vermochten, weshalb man ihr forschendes Starren kaum ertragen konnte und versucht war, ihm auszuweichen.

(*S. 98*)

den waren, beherrschten die tief eingegrabenen Falten seines Gesichtes, und seine Augen waren so stechend, daß sie mit einem einzigen Blick die Herzen der Menschen zu durchdringen und ihre geheimsten Gedanken zu ergründen schienen; nur wenige vermochten seinen forschenden Blick zu ertragen oder ihm gar ein zweites Mal zu begegnen.

(M. Praz: *Liebe, Tod und Teufel*, Bd. I, S. 72f.)

Alanus ab Insulis (um 1120–1203)

Die mittelalterliche Vorstellung von der Welt als Buch, in dem der Mensch die Größe Gottes aus der Schöpfung ablesen kann, ist das eindringlichste Bild, das den Roman leitmotivisch durchzieht. In der Predigertradition diente das Buch der Natur als Stoffquelle, aus der die veranschaulichenden Beispiele zur Erläuterung der Bibel als des Buches der Bücher gewählt werden konnten.

In Ecos Buch über Bücher und aus Büchern eignet sich dieser Vergleich geradezu hervorragend, um die spezielle Thematik spiegelnd ins Allgemeine zu wenden und metaphysisch zu überwölben. Der Auffassung von der Welt als Buch entspricht im klösterlichen Mikrokosmos die Bedeutung der Bücher als Welt.

Eco belegt die Gleichsetzung mehrfach mit den Anfangsversen des Alain de Lille (latinisiert: Alanus ab Insulis → VI. Geschichtl. Hintergrund), dem die titellose *Sequenz der Rose* zugeschrieben wird, wo die auch ansonsten sehr verbreitete Buchmetapher prägnant formuliert ist. Dieses Gedicht ist so bekannt, daß man es in den meisten Textsammlungen zum Mittelalter findet, so daß Eco es aus allen möglichen Quellen übernehmen konnte. Von den hier besprochenen Büchern seien nur zwei Kompendien genannt: Curtius zitiert die erste Strophe in seinem Kapitel über »Das Buch der Natur«, wo auch zahlreiche andere

Autoren zum gleichen Thema zu Wort kommen; Rosario Assunto druckt es ganz ab in *Die Theorie des Schönen im Mittelalter* (1963).

Die Geläufigkeit des Textes wird im Roman dadurch unterstrichen, daß die berühmten Anfangsverse verschiedenen Sprechern in den Mund gelegt werden. Gleich zu Beginn der Hauptgeschichte bezieht sich William ausdrücklich auf »Meister Alanus ab Insulis« (*S. 34*), wenn er die Theorie von der Symbolkraft des Universums entwickelt, das die göttliche Wahrheit zeichenhaft spiegelt. Adson kommt später darauf zurück in einem Gespräch über Zeichen. Typischerweise zitiert er ungenau, wenn er wiederholt: »Omnis mundi creatura quasi liber et scriptura...« (*S. 138*). Eco imitiert hier die Gewohnheit des Mittelalters, aus dem Gedächtnis und daher häufig unzutreffend zu zitieren, was bei Adsons noch sehr bescheidenen Kenntnissen durchaus personengerecht ist. Bruchstückhaft anzitiert wird die Stelle noch häufiger, sowohl in lateinischer als auch in übersetzter Fassung (*S. 154*). In Übersetzung zusammengefaßt wird der Alanus-Text, und zwar über die sonst nur angeführten ersten Verse hinaus, in Adsons Reflexionen nach seinem Liebeserlebnis.

Ja, es kam mir so vor (heute versuche ich es zu begreifen), als spräche das ganze Universum, das zweifellos wie ein Buch von Gottes eigener Hand ist, in welchem alles von der unendlichen Güte des Schöpfers kündet, in welchem jedes Geschöpf gleichsam Schrift und Spiegel des Lebens und Sterbens ist, so daß noch die geringste Rose zu einer Glosse unseres irdischen Daseins werden kann – als spräche, mit einem Wort, *alles* nur immerfort von jenem lieblichen Antlitz, das ich schemenhaft wahrgenommen im

Die Geschöpfe dieser Erde / sind ein Buch und ein Gemälde / und ein Spiegel unsres Seins. / Unserm Leben, unserm Sterben, / unsrer Lage, unserm Lose / können sie ein Zeichen sein.

Unsern Zustand zeigt die Rose, / klar beschreibt sie unsre Lage, / unser Leben stellt sie dar. / Die am frühen Morgen blühet, / kaum erblüht verblüht die Blüte, / wenn am Abend alles welkt.

Taufrisch siecht dahin die Blüte, / wenn sie blaß in Fieberschauern / im Erblühen schon vergeht. / Alt und jung zur glei-

duftgeschwängerten Zwielicht der nächtlichen Küche. Und selig überließ ich mich meinen Phantasien, denn ich sagte mir (oder vielmehr ich sagte es nicht, denn was mich an jenem Morgen erfüllte, waren keine Gedanken, die sich in Worte fassen ließen): Wenn einerseits die ganze Schöpfung von der Güte und Macht und Weisheit des Schöpfers kündete und wenn andererseits alles an jenem Morgen in meinen Augen und Ohren allein von *ihr* sprach, von ihr, die doch (wenngleich als Sünderin) immerhin auch ein Kapitel im großen Buche der Schöpfung war, ein winziger Vers im gewaltigen Psalm des Kosmos dann, so sagte ich mir (sage ich heute), konnte auch jener nächtliche Zwischenfall letztlich nichts anderes sein als ein Teil der göttlichen Vorsehung, die das Universum lenkt und die es geordnet sein läßt nach Art einer Harfe zu einem Wunder von Harmonie und Zusammenklang.

(*S. 356f.*)

chen Stunde, / Greis und Kind in gleichem Maße, / welkt die Rose im Erblühn.

Auch des Menschen Lebensfrühling / und der Jugend erster Morgen / blüht für eine kurze Zeit. / Doch im Lebensabend endet / dieser Morgen, und bald naht sich / jedes Lebens Dämmerung. / Noch eh' aller Glanz entfaltet / ist die Schönheit schon vorüber, / und die Zeit fließt drüber hin.

Blume wird zu Heu, zu Kote / wird die Perle, und als Asche / zahlt der Mensch dem Tod Tribut. / Unabwendbar ist sein Leben / und sein Sein nur Qual und Mühe, / und das Leben schließt im Tod.

Auf den Morgen folgt der Abend, / auf das Lachen folgt die Trauer, / auf das Leben folgt der Tod. / Unsres Daseins erste Qualen / tragen schon des Todes Züge, / und die Mühe kündet Tod.

Uns den Mühen auszusetzen / und den Schmerzen hinzugeben / ist des Todes Forderung. / Unter dies Gesetz gezwungen, / Mensch erkenne deine Lage / und bedenke, was du bist. Was du warest neugeboren, / was du bist, und was du sein wirst / oh, beachte es genau.

Weine über Schuld und Strafe, / halte still, nichts übereile, / lege jeden Hochmut ab.

Lenker, Steuermann des Geistes, / lenke unsern Sinn und sorge, / daß sein Weg nicht irre geht.

(Zit. n. R. Assunto: *Die Theorie d. Schönen*, S. 215f.)

Der metaphorische Charakter der Dinge

Omnis mundi creatura / quasi liber et pictura / nobis est, et speculum. / Nostrae vitae, nostrae mortis, / nostri status, nostrae sortis / fidele signaculum.

Nostrum statum pingit rosa, / nostri status decens glosa, / nostrae vitae lectio. / Quae dum primo floret, / defloratus flos effloret / vespertino senio.

Ergo spirans flos exspirat / in pallorem dum delirat, / oriendo moriens. / Simul vetus et novella, / simul senex et puella / rosa marcet oriens.

Sic aetatis ver humanae / juventutis primo mane / reflorescit paululum. / Mane tamen hoc excludit / vitae vesper, dum concludit / vitale crepusculum. / Cujus decor dum perorat / ejus decus mox deflorat / aetas in qua defluit.

Fit flos fenum, gemma lutum, / homo cinis, dum tributum / homo morti tribuit. / Cujus vita cujus esse, / poena, labor et necesse / vitam morte claudere.

Sic mors vitam, risum luctus, / umbra diem, portum fluctus, / mane claudit vespere. / In nos primum dat insultum / poena mortis gerens vultum, / labor mortis histrio.

Nos proponit in laborem, / nos assumit in dolorem; / mortis est conclusio. / Ergo clausum sub hac lege, / statum tuum, homo, lege, / tuum esse respice.

Quid fuisti nasciturus; / quid sis praesens, quid futurus, / diligenter inspice.

Luge poenam, culpam plange, / motus fraena, factum frange, / pone supercilia.

Mentis rector et auriga / mentem rege, fluxus riga, / ne fluant in devia.

(Sequenz der Rose [zugeschrieben])

Hier, wie auch in seinem lateinischen Zitat, nennt Adson wieder die gleichen Elemente: Buch, Schrift und Spiegel. Das ist immerhin konsequent. An dieser Stelle (*S. 356*) fügt er jedoch die nächste Strophe an, in der bezeichnenderweise die Rose in übertragenem Sinn für die Vergänglichkeit des menschlichen Lebens gesetzt ist. Wie in der Einarbeitung des *Hohenlieds*, wo die Rose eine Ecosche Variation des Bibeltextes war, erscheint hier die bereits bei Alanus verwendete Rose im Zusammenhang mit der Liebesthematik (→I. Aufbau des Romans).

Erwin Panofsky
›Sinn und Deutung in der bildenden Kunst‹

War bislang schon vereinzelt von Zitaten aus zweiter Hand die Rede, so handelt es sich bei den folgenden Textvorlagen ausschließlich um dieses Verfahren des Zitierens von Zitaten. Von vielen Büchern, die dazu heranzuziehen wären, seien nur ganz wenige genannt, und zwar nur äußerst bekannte Standardwerke, die allerdings davon überzeugen dürften, daß wir zweifelsfrei der Mach-Art von Ecos Roman nachspüren.

Der Abt des Roman-Klosters (→ III. 4. Abbo) hat sein Vorbild im prunkliebenden Abt Suger von Saint-Denis (1081–1151), dessen Kunstliebe sich in der kostbaren Ausstattung seiner Abtei bekundete und ihm als Verschwendungssucht vorgeworfen wurde. Dagegen verteidigte sich dieser große Mäzen des 12. Jahrhunderts mit angeblich theologischen Argumenten. Erwin Panofsky, Professor für Kunstgeschichte, hat ihm einen einführenden Aufsatz gewidmet, aus dem Eco die Reden seines Abts Abbo über die Schätze seiner Kirche entlehnt. Die Passage ist deutlich markiert, wenn der Franziskaner William, der Abbos Ansichten kaum teilen kann, sie als herrschende Meinung im Benediktinerorden und vor allem als von Abt Suger stammend erkennt.

›Das Fest der heiligen Weihnacht naht, und so beginnen wir, die geweihten Geräte zu putzen, auf daß die Geburt des Erlösers gefeiert werde in allem gebotenen Prunk und aller gebührenden Pracht. Alles hier muß in herrlichstem Glanze erstrahlen…‹, fügte er an und sah William fest in die Augen, und gleich danach begriff ich, warum er so stolz darauf beharrte, sein Tun zu rechtfertigen, ›denn wir halten dafür, daß es nütz-

Seit den ersten Jahren seines Wirkens als Abt hatte Suger begonnen, die Mittel zum Umbau und zur Neuausgestaltung der Basilika aufzubringen, und als er starb, hinterließ er sie ›von den Fundamenten an erneuert‹ und angefüllt mit Schätzen, die nur denen in der Hagia Sophia nachstanden – sie aber vielleicht sogar übertrafen. So, wie er seine Prozessionen, Überführungen, Gründungszeremonien und Weihen arrangierte, nahm Suger

lich und gut ist, die Wohltaten Gottes nicht zu verbergen, sondern im Gegenteil offen zu zeigen.‹

›Gewiß‹, sagte William höflich, ›wenn Eure Erhabenheit es für richtig hält, daß der Herr auf diese Weise gepriesen sei, so hat Eure Abtei die höchste Stufe in dieser Form der Lobpreisung erreicht.‹

›Und so soll es sein‹, erklärte der Abt. ›Wenn goldene Krüge und goldene Phiolen und kleine goldene Mörser nach Gottes Wort oder dem Geheiß der Propheten im Tempel Salomons dazu dienten, das Blut der geopferten Ziegen und Kälber und der roten Färse aufzufangen, um wieviel mehr müssen dann goldene Schalen und kostbare Steine und alle wertvollen Dinge der Schöpfung in steter Ehrfurcht und größter Andacht ausgelegt werden, wenn es gilt, das Blut Christi aufzunehmen! Gliche dank einer zweiten Schöpfung unsere Substanz selbst jener der Cherubim und Seraphim, so wäre der Dienst, den sie einem so unbeschreiblichen Opfer zu leisten vermöchte, noch immer nicht seiner würdig...‹

›So ist es‹, sagte ich fromm.

›Viele wenden hier ein‹, fuhr der Abt fort, ›daß ein von Andacht durchdrungener Geist, ein reines Herz und eine redliche Absicht für dieses heilige Amt genügen müßten. Wir sind gewiß die ersten, die ausdrücklich und entschieden erklären, daß dies das wesentliche ist. Aber wir sind zugleich überzeugt, daß etwas von der Schaustellerkunst moderner Filmproduzenten oder Weltausstellungsorganisatoren vorweg, und indem er Perlen und kostbare Steine, seltene Vasen, Glasmalereien, Emaillearbeiten und Textilien erwarb, antizipierte er die selbstlose Habgier des modernen Museumsdirektors; er ernannte sogar die ersten bekannten Vorläufer unserer Kuratoren und Restauratoren.

(E. Panofsky: *Sinn und Deutung in der bildenden Kunst,* S. 140)

Wo der heilige Bernhard, mit den Worten des ›Heiden Persius‹ unwillig ausruft: »Was hat Gold mit Heiligtum zu tun?« bittet Suger, daß all die prachtvollen Gewänder und Altargeräte, die unter seiner Verwaltung angeschafft wurden, an seinem Jahrestag in der Kirche ausgelegt würden (»denn wir sind davon überzeugt, daß es nützlich und schicklich ist, göttliche Wohltaten nicht zu verbergen, sondern zu verkünden«). Er bedauert tief, daß seinem Großen Kreuz, einem der aufwendigsten Gegenstände, die von Menschen jemals ersonnen wurden, noch immer die volle Ausstattung mit Perlen und Edelsteinen fehle; und er ist bitter enttäuscht, daß er gezwungen war, das neue Grab des Heiligen Märtyrer statt mit massivem Gold mit nur vergoldetem Kupfer zu umkleiden (»denn wir, höchst elende Menschen... sollten es als unserer Mühe wert erachten,

man Gott auch durch den äußeren Zierat der Weihegeräte huldigen muß, denn es ist in höchstem Maße nur recht und billig, daß wir unserem Erlöser mit allen Dingen restlos dienen – Ihm, der es nicht verschmäht hat, für uns mit allen Dingen restlos und ohne Vorbehalt zu sorgen.‹

›Seit jeher war dies die Ansicht der Großen Eures Ordens‹, pflichtete William bei, ›und ich entsinne mich schönster Ausführungen über die Ornamente der Kirchen aus der Feder Eures hochbedeutenden und venerablen Abtes Suger.‹

›So ist es‹, sagte der Abt. ›Seht dieses Kruzifix hier. Es ist noch nicht vollendet...‹ Er nahm es unendlich liebevoll in die Hand und betrachtete es, wobei sein Gesicht vor Glückseligkeit leuchtete. ›Es fehlen noch einige Perlen, ich habe noch keine von der richtigen Größe gefunden. Einst sagte Sankt Andreas vom Kreuz auf Golgatha, es sei mit den Gliedern Christi geschmückt wie mit Perlen. Mit Perlen muß also dies schwache Abbild jenes großen Wunders geschmückt sein. Auch wenn ich es für angebracht hielt, an dieser Stelle, just über dem Haupt des Erlösers, den schönsten Diamanten einfügen zu lassen, den Ihr je gesehen habt...‹ Andächtig streichelten seine langen weißen Finger die kostbarsten Teile des heiligen Holzes, will sagen des heiligen Elfenbeins, denn aus diesem herrlichen Material waren die Arme des Kreuzes gemacht.

die heiligsten sterblichen Überreste derjenigen, deren verehrungswürdige Geister – strahlend wie die Sonne – um den allmächtigen Gott sind, mit so kostbaren Kleinodien zu bedekken, wie wir nur können«).

Zu Ende der Beschreibung des Hauptaltars – an dessen Antependium er weitere drei Tafeln hatte anbringen lassen, »so daß der gesamte Altar ringsum ganz golden aussieht« – geht Suger zum Angriff über: »Wenn nach dem Wort Gottes oder dem Befehl des Propheten goldene Gießgefäße, goldene Phiolen, kleine goldene Mörser dazu dienen, das Blut von Ziegen oder Kälbern oder der roten Färse zu sammeln: um wieviel mehr müssen goldene Gefäße, kostbare Steine und was immer sonst unter den geschaffenen Dingen zuhöchst geschätzt wird, mit fortwährender Verehrung und voller Frömmigkeit ausgelegt werden, um das Blut Christi aufzunehmen!... Wenn durch eine neue Schöpfung unsere Materie durch diejenige der heiligen Cherubim und Seraphim umgeformt würde, leistete sie noch immer einen unzulänglichen und unwürdigen Dienst für ein derart unaussprechliches Opfer... Die Verleumder wenden auch ein, daß ein frommer Geist, ein reines Herz, eine redliche Absicht für diese heilige Aufgabe ausreichen sollten, und auch wir bestätigen ausdrücklich und besonders, daß diese es sind, die hauptsächlich zählen. Aber wir bekennen, daß wir

›Immer wenn mich, während ich voller Entzücken die Schönheiten dieses Gotteshauses betrachte, der Zauber seiner vielfarbigen Steine den äußeren Sorgen entrissen hat und eine würdige Meditation mich dazu bringt, durch Übertragung des Materiellen aufs Immaterielle nachzudenken über die Mannigfaltigkeit der heiligen Kräfte, dünkt mich, als sei ich gleichsam versetzt worden in eine sonderbare Region des Universums, die weder völlig befangen im Schlamm der Erde ist, noch völlig frei in der Reinheit des Himmels. Und mir ist, als könnte ich dank Gottes Gnade aus dieser niederen Welt anagogisch entrückt werden in jene höhere...‹
(S. 182f.)

auch durch den äußeren Zierat heiliger Geräte huldigen müssen... Denn es steht uns höchst geziemend an, unserem Retter in allen Dingen auf universale Weise zu dienen – Ihm, Der es nicht abgelehnt hat, für uns in allen Dingen auf universale Weise und ohne Ausnahme zu sorgen.

(Ebenda, S. 141f.)

Eco schließt sich Panofsky sehr eng in den Formulierungen an, stellt jedoch die einzelnen Gesichtspunkte um. Eine kleine Abänderung ist bedingt durch den Wechsel des Schauplatzes. Während Suger den Kirchenschatz am Jahrestag des heiligen Dionysius (Panofsky irrt hier, wenn er vom Jahrestag Sugers spricht, der lateinische Text Sugers lautet »implorantes ut in anniversario [...] exponatur«, Suggerii Abbatis Sancti Dionysii Liber. De Rebus in Administratione sua Gestis, XXXIV A) ausstellen ließ, verlegt Eco diese Zurschaustellung auf Weihnachten. Wir erfahren ja nie, wem die Abteikirche des Romans gewidmet ist. Weihnachten ist nicht nur als höchster kirchlicher Feiertag angemessen für die Selbstdarstellung der Abtei, es kommt auch in Panofskys Ausführungen zur Sprache, insofern als der im Herbst tödlich erkrankte Suger Gott bittet, »bis zum Ende der Festzeit verschont zu werden, ›damit nicht seinethalben die Freude der Brüder in Schmerz verkehrt würde‹« (S. 165). Die Bitte ging in Erfüllung: Er starb am 13. Januar 1151.

»Es war ein achteckiger Bau, der aus der Ferne zunächst wie ein Viereck aussah (die höchstvollendete Form, Ausdruck der Beständigkeit und Uneinnehmbarkeit der Stadt Gottes)« (*S. 31*). Das Aedificium, das die geheimnisvolle Bibliothek birgt.

»Die Bibliothek verteidigt sich selbst. Unergründlich wie die Wahrheit, die sie beherbergt, trügerisch wie die Lügen, die sie hütet, ist sie ein geistiges Labyrinth und zugleich ein irdisches« (*S. 54*).
Adson in der labyrinthisch angelegten Bibliothek.

Rosario Assunto *›Die Theorie des Schönen im Mittelalter‹*

In Assuntos Abhandlung lassen sich die meisten Gedanken über mittelalterliche Ästhetik, die in den zahlreichen Gesprächen im Kloster geäußert werden, wiederfinden. Es sind nicht so sehr genau zu bezeichnende längere Passagen als der generelle geistige Hintergrund, der hier Konturen gewinnt, angefangen von allgemeinen Schönheitsvorstellungen über die Harmonie der Proportionen sowohl in der bildenden Kunst wie in der Musik, über die Ästhetik von Licht, Farben und Materialien bis zur kontrastiven Unterstreichung der Schönheit durch gegensätzliche Darstellungen in Form von Grotesken und Monstern aller Art. Im ausführlichen Textanhang glaubt man sich streckenweise in die Diskussionen der Mönche im Skriptorium versetzt.

Die unten angeführten Suger-Texte stehen zum Roman nur noch in einem Ähnlichkeitsverhältnis. Die gleichen Gedanken tauchen zwar dort auf, doch nicht in der gleichen Formulierung und nicht an einer genau abgegrenzten Stelle vereint. Auffallend hingegen ist, daß Eco bei der Ausbeutung von Assuntos Textanhang ein Zitat, das auf derselben Seite mit Suger erscheint, nämlich Bemerkungen Otlohs von St. Emmeram über die Harmonie der Weltordnung, auch in seinem Roman in der unmittelbaren Nachbarschaft der Suger Reminiszens einarbeitet.

Das Kleinod funkelte in der vollen Pracht seiner Edelsteine. »Erkennst du ihn?« fragte er mich. »Er ist das Symbol meiner Macht, aber auch meiner Bürde. Kein Schmuck, sondern vielmehr ein leuchtendes Sinnbild des göttlichen Wortes, dessen Hüter ich bin.« Sanft streichelten seine Finger den Stein, will sagen das Gebirge der farbigen Steine, aus welchen dieses

Die Metaphorik des wahrnehmbaren Schönen und der Kunst

Wer immer du seist, wenn du strebst, zu erheben den Ruhm dieser Tore, / Staune nicht an das Gold und den Aufwand, sondern die Arbeit. / Edel erstrahlt das Werk, doch das Werk, das edel erstrahlet, / Möge erleuchten die Geister, daß sie eingehen durch die wahren

Meisterwerk menschlicher Kunst und gewachsener Natur bestand. »Hier der Amethyst«, erklärte er, »ein Spiegel der Demut, der uns an die Schlichtheit und Güte des Sankt Matthäus erinnert; hier der Chalzedon, Signum der Caritas, Symbol der Frömmigkeit Josephs und Sankt Jakobus' des Älteren; hier der Jaspis, Emblem des Glaubens, wird mit Sankt Petrus verbunden; hier der Sardonyx, Zeichen des Märtyrertums, gemahnt uns an Sankt Bartholomäus; hier der Saphir, Hoffnung und Kontemplation, Stein des Sankt Andreas und des Sankt Paulus; hier der Beryll, rechte Lehre, Wissenschaft, Großzügigkeit, ureigenste Tugenden des Sankt Thomas... Wie herrlich ist die Sprache der Edelsteine!« rief der Abt hingerissen, entrückt wie in einer Vision. »Die Steinschneider der Überlieferung gewannen sie aus der Amtstracht des Aaron und aus der Beschreibung des Himmlischen Jerusalem im Buche der Offenbarung; sind doch die Mauern Zions mit den gleichen Juwelen besetzt wie das Brustschild des Bruders Moses', abgesehen von Karfunkel, Achat und Onyx, die im Buche Exodus aufgeführt werden und in der Apokalypse ersetzt worden sind durch Chalzedon, Sadonyx, Chrysopras und Hyazinth.«

William wollte etwas sagen, doch der Abt gebot ihm mit einer Handbewegung zu schweigen. »Ich entsinne mich eines Litanials«, fuhr er fort, »in welchem jeder Stein beschrieben

Lichter / Zum wahren Licht, wo Christus das wahre Tor ist. / Welcherart es im Inneren sei, bestimmt diese goldene Pforte: / Der schwache Geist erhebt sich zum Wahren durch das Materielle / Und sehnend erhebt er sich durch das Licht aus seiner Versunkenheit.

Die Kostbarkeit der Materie als Huldigung an den Schöpfer

Da wir Gott opfern sollen mit Gold und kostbaren Steinen, / Weihe ich, Suger, dieses Gefäß dem Herrn.

Der allegorische und anagogische Charakter der materiellen Schönheit

Als – entsprungen aus meinem Entzücken über die Schönheit des Gotteshauses – die Lieblichkeit der vielen farbigen Steine mich von den äußeren Sorgen weggerufen und innige Meditation mich bewogen hatte, die Verschiedenheit der heiligen Tugenden zu bedenken, indem ich das, was materiell ist, auf das nicht Materielle übertrug: da schien es mir, als sähe ich mich verweilend in einer seltsamen Region des Weltalls, die weder ganz in dem Schlamm der Erde existiert noch in der Reinheit des Himmels; und daß ich dank der Gnade Gottes von dieser niedrigen in jene höhere Welt in anagogischer Weise versetzt werden kann.

war und gereimt zur Ehre der Heiligen Jungfrau. Von ihrem Verlobungsring hieß es, er sei ein Symbolgedicht voller höherer Wahrheiten, ausgedrückt in der lapidaren Sprache der Edelsteine, die ihn schmückten. Jaspis für den Glauben, Chalzedon für die Caritas, Smaragd für die Reinheit, Sardonyx für die Stille des jungfräulichen Lebens, Rubin für das blutende Herz auf dem Kalvarienberg, Chrysolith mit seinem vielfarbigen Funkeln für die Vielfalt der Wunder Mariä, Hyazinth für die Mildtätigkeit, Amethyst mit seinem Schillern von Rosa zu Blau für die Liebe zu Gott... Doch eingelegt in die Fassung waren noch andere Substanzen, nicht minder beredte, so der Kristall, der auf die Keuschheit der Seele und des Leibes verweist, der Lynkur, der dem Bernstein ähnelt, Symbol der Mäßigung, und der Magnet, der Eisen anzieht, wie die Jungfrau Maria die Saiten der reuigen Herzen anrührt mit dem Bogen ihrer Güte... Lauter kostbare Minerale also, die hier, wie du siehst, wenngleich in winziger und bescheidenster Dimension, auch meinen Ring schmücken.«

(*S. 570f.*).

Die anagogische Funktion des Schönen (Anrufung Christi)

Bei dem sakramentalen Benetzen mit dem allerheiligsten Salböl und beim Empfang der allerheiligsten Eucharistie fügst Du das Materielle mit dem Immateriellen, das Körperliche mit dem Geistigen, das Menschliche mit dem Göttlichen zu einer Einheit zusammen und führst durch das Sakrament die Reineren zu ihrem Ursprung zurück. Durch diese und ähnliche sichtbaren Segenszeichen erneuerst Du unsichtbar das Gegenwärtige und verwandelst es wunderbar in das Himmelreich.

(Abt Suger von Saint-Denis, zit. n. R. Assunto: *Die Theorie d. Schönen*... S. 193f.)

Portarum quisquis attollere quaeris honorem, / Aurum nec sumptus, operis mirare laborem, / Nobile claret opus, sed opus quod nobile claret / Clarificet mentes, ut eant per lumina vera / Ad verum lumen, ubi Christus janua vera. / Quale sit intus in his determinat aurea porta: / Mens hebes ad verum per materialia surgit; / Et demensa prius hac visa luce resurgit.

(Verse für das Portal der Kathedrale von Saint-Denis)

Dum libare Deo gemmis debemus et auro, / Hoc ego Suggerius offero vas Domino.

(Inschrift eines Kelches der Kathedrale von Saint-Denis)

Unde, cum ex dilectione decoris demus Dei aliquando multicolor, gemmarum speciositas ab exintrinsecis me curis devocaret, sanctarum etiam diversitatem virtutum, de materialibus ad immaterialia transferendo, honesta meditatio insistere persuaderet, videor videre me quasi sub aliqua extranea orbis terrarum plaga, quae nec tota sit in terrarum faece, nec tota in coeli puritate, demorari, ab hac etiam inferiori ad illam superiorem anagocico more Deo donante posse transferri.

(Liber de administratione XXXIII)

Quae sacramentale sanctissimi Chrismatis delibutione et sanctissimae Eucharistiae susceptione materialia immaterialibus, corporalia spiritualibus, humana divinis uniformiter concopulas sacramentaliter reformas ad suum puriores principium; his et hujusmodi benedictionibus visibilibus invisibiliter restauras etiam praesentem in regnum coelestem mirabiliter trasformas.

(Libellus de consecratione ecclesiae Sancti Dionysii VII)

Der Abt stand vor einem der hohen Spitzbogenfenster und bewunderte ihn gerade.

»Herrliches Bauwerk!« rief er aus und wies mit großer Gebärde hinüber. »Seht, wie es in seinen Proportionen die Goldene Regel aufnimmt, die einst den Bau der Arche beherrschte. Drei Stockwerke übereinander, denn drei ist die Zahl der Dreifaltigkeit, drei Engel besuchten Abraham, drei Tage verbrachte Jonas im Bauche des Wals, drei Tage lag Jesus im Grabe, desgleichen auch Lazarus. Dreimal bat Christus seinen Vater, er möge den Kelch an ihm vorübergehen lassen, dreimal zog er sich zurück,

Die objektive Harmonie des Weltalls

... Wenn ich auch mehrmals auf Musikinstrumenten gespielt habe, so hat es mir doch besser gefallen, der süßen Melodie zu lauschen. Gefällig ist es auch, sofern es Gott gestattet, die geistliche und geistige Weise zu spielen, d. h. zu deuten, welche Lieblichkeit des mystischen Einklangs... in allen Dingen liegt. Doch ehe du etwas über diesen Einklang erfährst, mußt du ganz begreifen, worin diese Harmonie besteht. Sie entsteht nämlich nicht nur bei Tönen, die nach den entsprechenden

um mit den Aposteln zu beten, dreimal verleugnete Petrus den Herrn, und dreimal zeigte der Auferstandene sich den Seinen. Drei an der Zahl sind die theologalen Tugenden, drei die heiligen Sprachen, drei die Teile der Seele, drei die Klassen verständiger Wesen: Engel, Menschen und Dämonen, drei die Arten des Tones: *vox, flatus* und *pulsus*, drei auch die Epochen der Menschheitsgeschichte: vor, während und nach dem Gesetz!«

»Wunderbarer Einklang so vieler mystischer Entsprechungen!« stimmte William zu.

»Doch auch der quadratische Grundriß«, fuhr der Abt fort, »ist reich an geistigen Lehren. Vier an der Zahl sind die Himmelsrichtungen, die Jahreszeiten, die Elemente, die Temperamente, vier sind das Warme, das Kalte, das Feuchte, das Trockene, Geburt, Wachstum, Reife und Alter, die Arten der Lebewesen: am Himmel, auf Erden, in Luft und Wasser, die Grundfarben des Regenbogens und die Zahl der Jahre zwischen zwei Schalttagen.«

»Oh, gewiß«, pflichtete William bei. »Und drei plus vier ergibt sieben, eine mystische Zahl wie keine andere, und drei mal vier ergibt zwölf, die Zahl der Apostel, und zwölf mal zwölf ergibt einhundertvierundvierzig, die Zahl der Erwählten.« Und dieser letzten Bekundung mystischer Kenntnis der kosmischen Zahlenwelt hatte der Abt nichts hinzuzufügen. (*S. 566f.*)

Zahlenverhältnissen zusammengestellt sind, sondern auch bei anderen Dingen, die richtig geordnet sind. Alles, was richtig geordnet ist, paßt in der Tat zusammen und entspricht sich. Man kann diese Harmonie als eine Übereinstimmung verschiedenartiger Dinge definieren. In jedem Ding aber ist die Übereinstimmung Harmonie. Die ganze Schöpfung, die nach der Ordnung Gottes gefügt ist, ist zwar im einzelnen verschieden, aber eine Harmonie alles Geschaffenen.

(Otloh von St. Emmeram, zit. n. R. Assunto: *Die Theorie d. Schönen*... S. 192f.)

… quia in harmonicis instrumentis aliquoties lusi, libenterque totius melodiae suavitatem audivi, libet etiam, prout Dominus dederit, in harmonia spirituali et intellectuali ludere: explanando scilicet quanta consonantiae mysticae suavitas in omnibus… habeatur rebus. Sed priusquam de hujusmodi consonantia aliquid audias, oportet ut, quid sit eadem consonantia, plenius agnoscas. Quia enim non solum in sonis proportione numerorum relativa coaptatis, verum etiam in rebus quibuslibet rite ordinatis consonantia efficitur; omneque quod ordinatum constat, conveniens profecto et congruum efficitur: consonantiae hujus definitio videtur posse dici rerum dissimilium convenientia. Proinde si in quolibet convenientia est consonantia; omnis autem creatura, licet dissimilis sit invicem, Deo ordinante convenit; consonantia ergo habetur in omni creatura.

(*Dialogus de tribus quaestionibus, XLIII.*)

Ernst Robert Curtius *›Europäische Literatur und lateinisches Mittelalter‹*

Allmählich entpuppt sich Ecos Text als eine Art von Mosaik aus Steinen unterschiedlichster Herkunft und Größe. Eine der bereits als Steinbruch (→ *Verkehrte Welt*) bezeichneten literaturwissenschaftlichen Fundgruben, Curtius' Mittelalter-Buch, liefert wohl das meiste an kleinformatigem Material, Splitter, die sich bequem überall einpassen lassen. Allerdings tauchen diese Fragmente nicht immer in atomistischer Vereinzelung auf; die in dem oben angeführten Fall eher beiläufig beobachtete Technik läßt sich nun als durchgängiger Arbeitsprozeß festhalten: Aussagen, die am gleichen Fundort zusammenstehen, werden kurzerhand gesammelt und wiederum an nahe beieinander liegenden Stellen in dem neuen Text eingefügt. So entstehen bestimmte Schwerpunkte als eine Art von ›Cluster‹, so wie beim Mosaik meist Steine gleicher Farbe zu gewissen Teilen des Bildes vereint werden.

Dieses Verfahren der Textproduktion zeichnete sich beim Thema ›Verkehrte Welt‹ schon ab. Ohne jede Einschränkung bestätigt wird es, wenn man Curtius' Kapitel über ›Scherz und Ernst im Mittelalter‹ heranzieht und die

Wiederverwendung der dort vorgebrachten Argumente und vor allem der sie belegenden Beispiele genauer verfolgt. Das bei Curtius auf den Seiten 422–434 besprochene Material erscheint bei Eco verdichtet in zwei Abschnitten, einerseits naheliegenderweise in der Diskussion über das Lachen (*S. 166–172*), andererseits in den Gesprächen beim Abendessen des ersten Tages (*S. 126*). Auch das Thema der opulenten Schlemmermahle in Klöstern findet sich bei Curtius (S. 133), übrigens zusammen mit der Kritik am Zölibat, die der Esel Brunellus im *Speculum Stultorum* (Narrenspiegel, um 1180) des Nigellus Wireker vorträgt.

Die erste Eco-Passage sei zur Veranschaulichung abgedruckt, die Gegenüberstellung mit den ausführlichen Curtius-Paragraphen erübrigt sich, da die Zitate meist ganz wörtlich entlehnt sind.

»Leichtfertige Späße aber und albernes oder zum Lachen reizendes Geschwätz verdammen wir allezeit und überall, und keinem Jünger erlauben wir, zu derlei Reden den Mund zu öffnen.«

»Jawohl, und das gilt auch für die Marginalien, von denen wir heute sprachen«, konnte sich Jorge nicht enthalten, leise zu kommentieren. »Wie Johann Boccadoro sagte: Christus hat nie gelacht!«

»Nichts in seiner menschlichen Natur untersagte es ihm«, warf William ein, »denn das Lachen ist, wie uns die Theologen lehren, dem Menschen eigentümlich.«

»Forte potuit, sed non legitur eo usus fuisse«, sagte Jorge mit fester Stimme, ein Diktum von Petrus Cantor zitierend.

»Manduca, iam coctum est«, murmelte William.

»Was?« fragte Jorge verwirrt, offenbar in der Meinung, William spreche von einem Braten, den man essen solle, solange er knusprig ist.

»Diese Worte sprach, wie Ambrosius berichtet, der heilige Lorenz auf dem Feuerrost, als er seine Henker aufforderte, ihn auf die andere Seite zu drehen, wie auch Prudentius in seinem *Peristephanon* zu berichten weiß«, sagte William mit der Miene eines Heiligen. »Sankt Lorenz war also durchaus imstande, zu lachen und Späße zu machen, sei's auch nur, um seine Feinde zu demütigen…«

»Was nur beweist, wie nah das Lachen dem Tod und dem Verderben des Körpers ist«, knurrte Jorge, und ich muß zugeben, daß er wie ein guter Logiker argumentierte.

An diesem Punkt mahnte der Abt uns gütig zu schweigen.

(*S. 126*)

Während des Essens, bei dem das Schweigegebot nicht sehr strikt beachtet wird, kommt die Rede auf die berühmte Frage, ob Jesus gelacht habe. Die von William und Jorge dazu vorgebrachten Argumente pro und contra sowie die zitierten Belege entstammen vollständig den Paragraphen ›Kirche und Lachen‹ und ›Hagiographische Komik‹ des obengenannten Kapitels bei Curtius. Beide Dialogpartner geben bei ihren Einwänden genaue Quellenangaben, da es sich hierbei um patristische Texte handelt, die eine figurenadäquate Lektüre darstellen und die Eco seinerseits aus der selbstverständlich nicht markierten Fundgrube übernehmen konnte. Es handelt sich an dieser Stelle noch um eine ernsthafte Diskussion, die mit wissenschaftlichem Eifer geführt wird, auch wenn Williams Hinweis auf die witzige Bemerkung des heiligen Laurentius auf dem Rost, er sei schon gar, den Rahmen zu sprengen droht. Vollends überschritten wird die Grenze der Schicklichkeit in dem späteren langen Streitgespräch, das ja nicht am Refektoriumstisch des Abtes stattfindet, sondern in zufälliger Runde im Skriptorium. Hier greift Eco im ersten noch seriösen Teil wiederum auf den Abschnitt ›Kirche und Lachen‹ zurück, bevor er dann denjenigen über ›Küchenhumor und andere ridicula‹ auswertet. An diesem Punkt taucht dann auch der obenerwähnte Esel Brunellus auf, wenn die aufs Kreatürliche abzielenden Witze ausgesprochen werden, mit denen die verschiedenen Orden sich gegenseitig beschimpfen. Als Effekt der drastischen Zitate stellt sich natürlich genau das ein, was Jorge immer verhindern will, allgemeine Heiterkeit und schallendes Gelächter. Diese Demonstration wäre im Refektorium in der Gegenwart des Abts nicht möglich und auch völlig unangebracht, so daß sich feststellen läßt, daß die Verteilung der Curtius-Zitate geradezu situationsgerecht vorgenommen wird.

Johan Huizinga ›Herbst des Mittelalters‹

Der Klassiker des niederländischen Kulturhistorikers Johan Huizinga (1872–1945) nimmt unter den Folien, auf die sich der Roman zurückprojizieren läßt, einen besonderen Rang ein, denn er stellt die Epoche vor, die historisch der Romanhandlung, genauer gesagt der Zeit der Niederschrift Adsons, am nächsten kommt. Das geistes- und kulturgeschichtliche Gemälde des ausgehenden Mittelalters wird im Erzähltext anverwandelt in der Übernahme allgemeiner Denkmuster und Themen, wie zum Beispiel in der Auffassung des Todes oder der mystischen Religiosität.

Die Parallelen, die sich zu Huizinga nachzeichnen lassen, sind weitaus deutlicher erkennbar in der Schilderung der geistigen Atmosphäre als im Entwurf spezifischer Situationen, Gespräche oder Figuren. Das mag damit zusammenhängen, daß zeitlich gesehen sein Werk viel weniger als Lieferant für mögliche Lektüren der Romanfiguren herhalten kann, sondern das geistige Klima beschreibt, an dem diese Figuren gar nicht mehr selbst teilhaben, sondern das eigentlich erst den alternden Adson prägt. Folgerichtig finden sich auch die Zitate daraus konzentriert in den letzten Abschnitten, wo der greise Schreiber seine mystische Schau Gottes mit allen geläufigen Attributen aus der entsprechenden Literatur formuliert. Dabei macht er Anleihen bei Thomas a Kempis (1379/80–1471), Angelus Silesius (1624–1677), Johannes Tauler (um 1300–1361) und Meister Eckhart (um 1260–1327) (→ VI. Geschichtl. Hintergrund), die leicht zugänglich sind im 16. Kapitel Huizingas über »›Realismus‹ und die Grenzen des bildlichen Denkens in der Mystik« (S. 315; 317; 324). Mit dieser Versenkung in eine sprachlich nicht mehr positiv faßbare, sondern nur noch im Negativen einer ›vollkommenen Bildlosigkeit‹ (Huizinga, S. 314) erfahrbare Gottheit vertritt Adson die mystischen Strömungen seiner Zeit und hat sich damit weit entfernt vom Denken seines großen Meisters während der Geschehnisse der erzählten Geschichte.

Aus einem zeitlich sehr viel früheren Autor übernimmt Eco ein äußerst einprägsames Zitat von Huizinga. Als nach dem Prozeß die Verurteilten abgeführt werden, bemerkt Ubertin, daß Adson das Mädchen mit großer innerer Anteilnahme betrachtet und will ihn auf ernüchternde Art vor den Verlockungen der weiblichen Schönheit warnen. Dazu bedient er sich der Worte des Odo von Cluny (um 879–942), die Eco bei Huizinga finden konnte.

Sieh dich vor, mein Sohn... Die Schönheit des Leibes ist auf die Haut beschränkt. Wenn die Männer sehen könnten, was unter der Haut ist, wie einst bei der Luchsin in Böotien, sie würden erschauern beim Anblick der Frau. All diese Anmut besteht nur aus Schleim und Blut und Körpersäften und Gallert. Wenn du bedenkst, was in den Nasenlöchern, im Hals und im Bauche steckt, so findest du nichts als ekligen Auswurf. Und wenn es dich ekelt, mit den Fingerspitzen den Schleim oder Kot zu berühren, wie kannst du dann jemals begehren, die Hülle um all diesen Kot zu umarmen?«

(*S. 423f.*)

»Die Schönheit des Körpers besteht allein in der Haut. Denn wenn die Menschen sähen, was unter der Haut ist, wenn sie so, wie man von dem Luchs in Böotien sagt, das Inwendige sehen könnten, würden sie sich vor dem Anblick der Frauen ekeln. Ihre Anmut besteht aus Schleim und Blut, aus Feuchtigkeit und Galle. Wenn jemand überdenkt, was in den Nasenlöchern, was in der Kehle und was im Bauch alles verborgen ist, dann wird er stets Unrat finden. Und wenn wir nicht einmal mit den Fingerspitzen Schleim oder Dreck anrühren können, wie können wir dann begehren, den Dreckbeutel selbst zu umarmen?«

(Odo von Cluny, zit. n. Huizinga: *Herbst des Mittelalters,* S. 194)

Ubertins abstoßende Rede ist in den Handlungsablauf integriert und an Adson persönlich gerichtet, wie die Anreden am Schluß deutlich erkennen lassen. Dieser reagiert auch dementsprechend, denn er fährt fort: »Mich überkam ein würgender Brechreiz« (*S. 424*). Außerdem verengt Ubertin die allgemeingültige Aussage Odos über den trügerischen äußeren Schein und die Hinfälligkeit alles Schönen als Teil der *conditio humana* auf eine Warnung vor dem verführerischen Reiz der Frau als Hexe, was hier eine Individualisierung im Hinblick auf Adsons persönliche Situation darstellt.

Die abgedruckte Passage steht bei Huizinga im Kapitel über ›Das Bild des Todes‹, das weitere entscheidende Verweise enthält. Wenn der schreibende Adson zum Abschluß seines Manuskripts voller Resignation dem Ruhme Babylons und dem Schnee vom vergangenen Jahr nachsinnt (*S. 634f.*), so zitiert er damit Bernhard von Morlay (um 1140 tätig) und François Villon (1431–?), die sich genauso an der genannten Stelle (S. 191; 193) finden lassen wie der ›Tanz des Macabré‹ (S. 199). Und letztendlich entdeckt man hier außer der Frage des Giacopone da Todi nach dem Verbleib des ›Aristoteles, summus ingenio‹ (A., der höchste an Geisteskraft) (S. 192) nicht nur Reflexionen über die Frage ›Was ist von der ganzen menschlichen Schönheit und Herrlichkeit übriggeblieben? Erinnerung, ein Name.‹ (S. 193), sondern auch in dem schon oben anzitierten Gedicht des Bernhard von Morlay als letzten Vers den Satz, den Eco sentenzhaft als Schlußstein seinem Roman eingefügt hat.

Est ubi gloria nunc Babylonia? nunc ubi dirus
Nabugodonosor, et Darii vigor, illeque Cyrus?
Qualiter orbita viribus incita praeterierunt,
Fama relinquitur, illaque figitur, hi putruerunt.
Nunc ubi curia, pompaque Julia? Caesar abisti!
Te truculentior, orbe potentior ipse fuisti.
. . . .
Nunc ubi Marius atque Fabricius inscius auri?
Mors ubi nobilis et memorabilis actio Pauli?
Diva philippica vox ubi coelica nunc Ciceronis?
Pax ubi civibus atque rebellibus ira Catonis?
Nunc ubi Regulus? aut ubi Romulus, aut ubi Remus?
Stat rosa pristina nomine, nomina nuda tenemus.

Wo ist nun der Glanz Babylons? Wo ist nun / Der furchtbare Nebukadnezar, und des Darius Kraft, und jener Cyrus? / Wie ein Rad, das mit Kraft gedreht ist, so schwanden sie dahin; / Ihr Ruhm bleibt übrig, er festigt sich – sie aber vermodern. / Wo ist nun die Julische Kurie, wo die Julische Prozession? Caesar, du schwandest dahin! / Und du bist der Grimmigste in der ganzen Welt und der Mächtigste gewesen! ... Wo ist nun Marius und Fabricius, dem das Gold fremd war? / Wo ist der ehrenvolle Tod und die denkwürdige Tat des Paulus / Wo die göttliche philippische Stimme (Demosthenes), wo die göttliche Ciceros? / Wo ist Catos Friedfertigkeit gegen die Bürger und sein Zorn gegen die Aufrührer? / Wo ist nun Regulus? Und wo Romulus, und wo Remus? / Dem Namen nach steht die gestrige Rose noch da – und uns bleiben die nackten Namen!

(B. von Morlay, zit. n. J. Huizinga: *Herbst des Mittelalters,* S. 191)

Jorge Luis Borges (1899–1986)

Nicht ohne Vorbedacht sei Borges (→ II. 4. Die Bibliothek) hier an den Schluß der Reihe texterzeugender Vorfahren gerückt, und zwar ohne Festlegung auf präzise herausgegriffene Werke. Er ist der wahre Ahnherr des Romans, auf ihn stößt man sowohl im Vorwort des ›Herausgebers‹ als auch in der eingebetteten Geschichte. Er ist der Stifter der Bibliothek samt Katalog und Belüftungssystem, des Spiegels und der Mystifikationsverfahren, von ihm stammen das Thema Bücher, das Urbuch, die Textverarbeitungstechnik und vieles mehr sowie zuletzt die Rose, auch wenn sie bei unzähligen anderen Autoren blüht. Die Schulden, die Eco gegenüber Borges zu begleichen hat, lassen sich kaum auf Heller und Pfennig aufrechnen. *Die Bibliothek von Babel* und *Die Rose des Paracelsus* seien exemplarisch erwähnt für zahllose Motive und Verfahren, die sich über eine allgemeine Ähnlichkeitsrelation in der ständigen Präsenz Borges' in Ecos Roman niederschlagen, seien die Texte auch noch so verschieden angelegt. Seine Reverenz erweist Eco seinem argentinischen Stammvater damit, daß er nicht nur aus seinem Werk entlehnt, er entlehnt ihm auch einen Teil seiner Identität und zitiert damit zugleich Borges' Doppelgängermotiv. Jorge von Burgos (→ III. Personen), der blinde Bibliothekar, kann als Ecos Dank für die vielfältigen ungenannten Anleihen als das am deutlichsten markierte ›Zitat‹ angesehen werden, auch wenn die Parallelisierung nicht bis in die Details der Kriminalgeschichte getrieben werden muß.

Der fast erblindete Jorge Luis Borges, ehemaliger Direktor der Nationalbibliothek in Buenos Aires. Er ist das Vorbild für den erblindeten Bibliothekar Jorge von Burgos in Ecos Roman.

Die Texte aus Borges' Erzählungen bedürfen keiner Vergleichsstellen, ein Kommentar erübrigt sich ebenfalls, da es sich hier um motivliche Übernahmen handelt, die im Roman in ganz andere Formen umgeschmolzen werden, doch ihre Herkunft immer erkennen lassen.

Die Bibliothek von Babel

Das Universum (das andere die Bibliothek nennen) setzt sich aus einer unbegrenzten und vielleicht unendlichen Zahl sechseckiger Galerien zusammen, mit weiten Entlüftungsschächten in der Mitte, die mit sehr niedrigen Geländern eingefaßt sind. Von jedem Sechseck aus kann man die unteren und oberen Stockwerke sehen; ohne ein Ende. Die Anordnung der Galerien ist unwandelbar dieselbe. Zwanzig Bücherregale, fünf breite Regale auf jeder Seite, verdecken alle Seiten außer zweien: ihre Höhe, die sich mit der Höhe des Stockwerks deckt, übertrifft nur wenig die Größe eines normalen Bibliothekars. Eine der freien Wände öffnet sich auf einen schmalen Gang, der in eine andere Galerie, genau wie die erste, genau wie alle, einmündet. Links und rechts am Gang befinden sich zwei winzig kleine Kabinette. In dem einen kann man im Stehen schlafen, in dem anderen seine Notdurft verrichten. Hier führt die spiralförmige Treppe vorbei, die sich abgrundtief senkt und sich weit empor erhebt. In dem Gang ist ein Spiegel, der den Schein getreulich verdoppelt. Die Menschen schließen gewöhnlich aus diesem Spiegel, daß die Bibliothek nicht unendlich ist (wäre sie es in der Tat, wozu diese scheinhafte Verdoppelung?); ich gebe mich lieber dem träumerischen Gedanken hin, daß die geschliffenen Oberflächen das Unendliche darstellen und verheißen... Licht spenden ein paar kugelförmige Früchte, die den Namen ›Lampen‹ tragen. Es gibt deren zwei in jedem Sechseck, seitlich angebracht. Das Licht, das sie aussenden, ist unzureichend, unaufhörlich.

Wie alle Menschen der Bibliothek bin ich in meiner Jugend gereist; ich habe die Fahrt nach einem Buch angetreten, vielleicht dem Katalog der Kataloge; jetzt, da meine Augen kaum mehr entziffern können, was ich schreibe, bin ich im Begriff, nur ein paar Meilen von dem Sechseck, wo ich geboren ward, zu sterben.

(J. L. Borges: *Die zwei Labyrinthe. Lesebuch,* S. 54f.)

In der ungeheuer weiträumigen Bibliothek gibt es nicht zwei identische Bücher. Aus diesen unwiderleglichen Prämissen folgerte er, daß die Bibliothek total ist, und daß ihre Regale alle irgend möglichen Kombinationen der zwanzig und soviel orthographischen Zeichen (deren Zahl, wenn auch außerordentlich groß, nicht unendlich ist) verzeichnen, mithin alles, was sich irgend ausdrücken läßt: in sämtlichen Sprachen. Alles: die bis ins einzelne gehende Geschichte der Zukunft, die Autobiographien der Erzengel, den getreuen Katalog der Bibliothek, Tausende und Abertausende falscher Kataloge, den Nachweis ihrer Falschheit, den Nachweis der Falschheit des echten Katalogs, das gnostische Evangelium des Basilides, den Kommentar zu diesem Evangelium, den Kommentar zum Kommentar dieses Evangeliums, die wahrheitsgetreue Darstellung deines Todes, die Übertragung jeden Buches in sämtliche Sprachen, die Interpolationen jeden Buches in allen Büchern, der Traktat, den Beda hätte schreiben können (und nicht schrieb), über die Mythologie der Sachsen, die verlorenen Bücher des Tacitus.

(Ebenda, S. 58f.)

Auch wissen wir von einem anderen Aberglauben jener Zeit: dem an den Mann des Buches. In irgendeinem Regal irgendeines Sechsecks (so dachten die Menschen) muß es ein Buch geben, das Inbegriff und Auszug *aller* ist: ein Bibliothekar hat es geprüft und ist Gott gleich. In der Sprache dieser Zone haben sich noch Spuren des jenem zeitentfernten Beamten geweihten Kults erhalten. Viele begaben sich auf Pilgerschaft nach Ihm. Ein Jahrhundert lang schlugen sie umsonst die verschiedensten Richtungen ein. Wie sollte man auch das verehrte Geheim-Sechseck orten, das ihn beherbergte? Jemand schlug eine regressive Methode vor: um das Buch A zu lokalisieren, muß man zuvor ein Buch B heranziehen, das den Ort von A angibt; um das Buch B zu lokalisieren, muß man zuvor ein Buch C konsultieren, und so ins Unendliche...

(Ebenda, S. 61)

Die Rose des Paracelsus

»Eine Rose kann verbrennen«, sagte der Schüler herausfordernd.

»Es ist noch Feuer im Kamin«, sagte Paracelsus. »Wenn du diese Rose in die Glut wirfst, wirst du glauben, daß sie verglüht und daß die Asche wirklich ist. Ich sage dir, daß die Rose ewig ist und daß nur ihre Erscheinung sich ändern kann. Es bedarf einzig eines Wortes von mir, damit du sie von neuem siehst.«

»Eines Wortes?« sagte der Schüler verwundert. »Der Athanor ist erloschen, und die Alembiks sind voll von Staub. Was tust du, um sie wiederauferstehen zu lassen?«

Paracelsus sah ihn traurig an.

»Der Athanor ist erloschen«, wiederholte er, »und die Alembiks sind voll von Staub. Auf dieser Strecke meiner langen Reise gebrauche ich andere Instrumente.«

»Ich wage nicht zu fragen, welche das sind«, sagte der andere verschlagen oder demütig.

»Ich spreche von dem, was die Gottheit gebrauchte, um Himmel und Erde zu schaffen und das unsichtbare Paradies, in dem wir uns befinden und das uns durch die Erbsünde verborgen ist. Ich spreche von dem Wort, das uns die Wissenschaft der Kabbala lehrt.«

(Ebenda, S. 161)

Der Roman beginnt und endet mit einem Zitat. Der Text selbst zitiert unentwegt, macht Anleihen, ahmt nach, formt um, deckt seine Verfahren auf oder auch nicht. Er gleicht einem riesigen Patchwork, das alle möglichen Materialien zu einem neuen Muster ineinanderfügt. Aus Altem wird Neues. Das Schlagwort von der ›Postmoderne‹ scheint unumgänglich. Eco, Professor für Semiotik, der Lehre von den Zeichen, hat nicht nur ein Lese-Buch geschrieben, es ist zugleich ein Leser-Buch, will sagen verfaßt von einem Autor, dem die Literatur in einer Weise zur Verfügung steht, daß man ihn in Anlehnung an den Titel eines seiner literaturtheoretischen Werke *Lector in fabula* zur Hauptperson zwar nicht der Geschichte, sondern der Vertextung dieser Geschichte ernennen darf als ›Lector in textu‹ (Leser *im* Text).

Die Leser *des* Textes mögen sich zu weiterer Lektüre angeregt fühlen. Das Gespräch mit und zwischen Büchern soll nicht abreißen. Noch vieles wäre anzuführen und muß der persönlichen Neugier vorbehalten bleiben.

Johannes verschlingt das Buch.
Aus dem Teppich von Angers, im Jahr 1375 von Ludwig von Anjou in Auftrag gegeben.

Vorderseite:
»Die Abtei brannte drei Tage und drei Nächte, und vergeblich waren alle weiteren Bemühungen« (*S. 629*).

VI
Geschichtlicher Hintergrund von A–Z

Abaelard, Peter

Der scholastische Philosoph und Theologe Abaelard (1079–1142) ist vor allem durch seinen unglücklichen Liebes- und Ehebund mit Héloise bekannt, der Nichte des Kanoniker Fulbert, der ihn aus Rache entmannen ließ. Abaelard wurde Mönch in St.-Denis und Héloise Klosterfrau in Argenteuil.

Im → Universalienstreit nahm er für den → Nominalismus Partei und bereitete den Konzeptualismus vor (universalia sunt sermones, im Sinne von Ausdruck). In seiner Schrift *Sic et non,* in der er Widersprüche der theologischen Autoritäten aufzeigte, formte er die → scholastische Methode. Abaelard, dessen Lehren von der Kirche verurteilt wurden, versuchte den Glauben auf allgemeine Vernunftprinzipien zurückzuführen. Im Kampf um die Vorherrschaft der Vernunft, der die Philosophie des 12. und 13. Jahrhunderts prägte, gilt Abaelard, besonders auf dem Gebiet der Logik, als erster großer Streiter.

Alanus ab Insulis

Der französische Scholastiker Alanus ab Insulis (Alain de Lille) wurde um 1120 in Lille geboren und starb um 1203 in Citeaux. Unter seinen Schriften (→ V. 2. Texte als Teil des Textes) sind die fünf Bücher *De arte sive articulis fidei catholicae* am bekanntesten. Alanus verteidigt mit Verstandesgründen die Hauptlehren der christlichen Kirche gegen Angriffe. Wegen seines enzyklopädischen Wissens nannte man ihn ›Doctor universalis‹. *Planctus Naturae* und *Anticlaudianus* sind die poetischen Hauptwerke von Alanus, in denen er einen optimistischen Naturalismus entwickelt: Die Schöpfung des vollkommen Menschen ist das Werk der Natur.

Albertus Magnus (Albert der Große)

Albertus Magnus, der im schwäbischen Lauingen geboren wurde (um 1193–1280), war Philosoph, Theologe und Naturwissenschaftler und trat 1223 dem → Dominikanerorden bei. → Thomas von Aquin und Ulrich von Straßburg zählten später zu seinen Schülern. Wegen seines universalen Wissens bekam er – wie vor ihm Alanus ab Insulis – den Beinamen ›Doctor universalis‹. Er begründete den christlichen → Aristotelismus und vereinigte als erster → Scholastiker naturwissenschaftliches, philosophisches und theologisches Denken. Seine naturwissenschaftlichen Schriften zeichnen sich durch genaue Beobachtung aus und sind frei von theologischen Aspekten.

Antichrist

Mit der Geschichtsphilosphie von → Joachim von Fiore beginnt im Hochmittelalter eine zeitgeschichtliche Auslegung der → Apokalypse. Der Antichrist wird als ein mythisches Wesen geschildert: ein Drache mit sieben Köpfen und zehn Hörnern, der die himmlische Frau mit ihrem Kind verfolgt. Die → Spiritualen (→ *Franziskaner*) sahen in → Johannes XXII. den Antichrist verkörpert.

Dann erschien ein großes Zeichen am Himmel; eine Frau, mit der Sonne bekleidet; der Mond war unter ihren Füßen und ein Kranz von zwölf Sternen auf ihrem Haupt. Sie war schwanger und schrie vor Schmerz in ihren Geburtswehen.
Ein anderes Zeichen erschien am Himmel: ein Drache, groß und feuerrot, mit sieben Köpfen und *zehn Hörnern* und mit sieben Diademen auf seinen Köpfen. Sein Schwanz fegte ein Drittel *der Sterne vom Himmel* und *warf sie auf die Erde herab.*

Der Drache stand vor der Frau, die gebären sollte; er wollte ihr Kind verschlingen, sobald es geboren war. Und *sie gebar* ein Kind, *einen Sohn,* der über alle Völker *mit eisernem Zepter herrschen wird.* Und ihr Kind wurde zu Gott und zu seinem Thron entrückt. Die Frau aber floh in die Wüste, wo Gott ihr einen Zufluchtsort geschaffen hatte; dort wird man sie mit Nahrung versorgen, zwölfhundertsechzig Tage lang.

(*Offenbarung Johannes, XII,* 1–6; siehe Farbabbildung vor S. 177)

Apokalypse

Die *Offenbarung* des Johannes, das letzte Buch des Neuen Testaments, beschreibt in fast alttestamentarischer Sprache die Vision des bevorstehenden Weltuntergangs, den Sieg über den Satan, den → Antichrist, und den Beginn des Reich Gottes (→ V. 2. Texte als Teil des Textes). Vielfach wurde die *Johannes-Apokalypse* kommentiert, im frühen Mittelalter beispielsweise von Beatus da Liébana in Spanien (776). Umberto Eco hat 1973 die berühmten Illustrationen dieser Schrift neu herausgegeben und mit einem Vorwort versehen. Durch die Auslegung von → Joachim von Fiore (gest. 1202), der glaubte, daß 1260 die Herrschaft des Antichrist enden werde, gewann die *Apokalypse* im 13. und beginnenden 14. Jahrhundert zentrale Bedeutung, vor allem für die Bettelorden und die neu entstandenen Sekten, die aus päpstlicher Sicht zu den Ketzern zählten. Für diese verkörperte der Papst den → Antichrist, während der Papst in den Ketzern, den → Häretikern, den Satan wirken sah.

Apostler

Die Gemeinschaft der Apostelbrüder, die in Übersteigerung des franziskanischen → Armutsideals zum Urchristentum zurückkehren wollten, wurde in Italien um 1260 von dem Laien Gerhard Segarelli gegründet. Die katholische Kirche hat die Apostler mehrfach verboten. Segarelli wurde gefangengenommen und 1300 in Parma verbrannt.

Auch sein Nachfolger Fra Dolcino, der stark von → Joachim von Fiore beeinflußt war, wurde mit seinen Anhängern von der → Inquisition verfolgt und schließlich beim 4. Kreuzzug gegen die Apostler gefangengenommen und 1307 verbrannt, nachdem vor seinen Augen der schönen Margaretha, seiner Begleiterin, das gleiche Schicksal widerfahren war. Die übliche und korrekte Aufforderung zur Buße ›Poenitentiam agite‹ formten die Apostler, die Laien waren, vereinfachend um zu: ›penitenziagite‹ (*S. 284*).

Arabische Wissenschaft

Durch die Berührung der Araber mit den alten Kulturvölkern des Ostens, den Griechen, den Persern, den Indern, entstanden zahlreiche Wissenschaftszweige.

In der Spätantike wurden nicht nur die Schriften des Aristoteles (→ *Aristotelismus*) ins Arabische übersetzt, sondern auch die Platons und Plotins sowie medizinische Schriften von Hippokrates, mathematische von Euklid, Archimedes und Apollonios, ferner geographische, astronomische und alchimistische. Aufgrund dieser Übersetzungen gelang es arabischen Gelehrten, das fremde Wissen mit dem eigenen zu kombinieren und weiterzuentwickeln. In der Philosphie waren es → Avicenna und → Averroës (→ Averroismus), in den Naturwissenschaften – die arabischen Ziffern, ursprünglich das Zahlensystem der Inder, kamen über arabische Vermittlung ins Abendland – Al-Hwarizmi, Alhazen, Al-Biruni und Constantinus Africanus, denen besondere Bedeutung zukommt. Dieses arabische Wissen, ohne das ein Großteil des antiken Wissens verlorengegangen wäre, beeinflußte vor allem im 12. Jahrhundert das Abendland, wobei der sogenannten ›Schule von Toledo‹ eine herausragende Vermittlerrolle zukam.

Die Werke der arabischen Gelehrten wurden ins Lateinische übersetzt; auch die erste Koran-Übersetzung wurde damals erstellt. Von besonderer Wichtigkeit dabei war, daß die mittelalterlichen → Scholastiker, die mehr auf Dogmen bauten, mit der arabischen Wissenschaftsmethode der Beobachtung und Erfahrung bekannt wurden.

Aristotelismus

Unter Aristotelismus versteht man die Fortwirkung der Philosophie des Aristoteles (384–322 v. Chr.). Nach Aristoteles, der die abendländische Logik begründete, wirken die Ideen nicht außerhalb der greifbaren Dinge, sondern in ihnen als ihre bewegende Kraft. Er begriff Gott als oberste Wirklichkeit und sah im Denken des Menschen, in der Vernunft, das eigentlich Menschliche.

Die Schriften des Aristoteles wurden in der Spätantike ins Arabische übersetzt, und erst um 1220 lagen lateinische Übersetzungen fast sämtlicher Werke vor. Auf Veranlassung von → Thomas von Aquin wurden bald auch Übersetzungen direkt aus dem Griechischen vorgenommen.

Im 13. Jahrhundert galt Aristoteles als die philosophische Autorität schlechthin. Die scholastische Philosophie dieser Zeit wurde von ihm entscheidend geprägt.

Armutsfrage

Das Gebot in Armut und Besitzlosigkeit zu leben, geht auf Franz von Assisi (um 1181–1226) zurück. Nach dessen Tod entbrannte innerhalb des → Franziskanerordens ein heftiger Streit um das Armutsideal. Die → Spiritualen, angeführt von Petrus Johannis Olivi (um 1248–1298), traten für ein strenges Armutsprinzip ein, während die → Konventualen den Gebrauch, den Nutznieß (im Gegensatz zu Besitz), für zulässig erklärten.

Die Lehren Olivis wurden auf dem Konzil von Vienne 1311/12 und später 1317 und 1326 als häretisch verurteilt und seine Anhänger als Ketzer verfolgt (→ Häresie, Inquisiton). Die reiche Papstkirche mußte sich durch das Armutsgebot, das auch die zahlreichen Bettelorden in den Städten befolgten und lehrten, aufs heftigste angegriffen fühlen.

Die ›große Hure Babylon‹, deren Sturz die *Apokalypse* des Johannes beschreibt, war für die Spiritualen das Papsttum.

Ende des 13. Jahrhunderts kam die landwirtschaftliche Expansion, die im 11. Jahrhundert eingesetzt hatte, zum Stillstand. Zwischen 1315 und 1318 entstanden durch sintflutartige Regenfälle mehrere Hungersnöte, die die Lage der Bauern (¾ der Bevölkerung), die am Rande des Existenzminimums lebten, noch verschlimmerte. Die Pest, die zwischen 1348 und 1350 in ganz Europa wütete, dezimierte die Bevölkerung um ungefähr ein Drittel.

Augustinus

Augustinus (354–430), Bischof von Hippo in Nordafrika, war der einflußreichste Kirchenlehrer und -politiker der katholischen Kirche. Er wird als Heiliger verehrt. Seine Schriften *De civitate Dei* (Über den Gottesstaat) und *Confessiones* (Bekenntnisse) beeinflußten die → scholastische Philosophie. Seine beiden Grundideen sind: die Allwirksamkeit göttlicher Gnade und die Kirche als Reich Gottes, das Himmel und Erde verbindet.

Averroës

Averroës, arab. Ibn Roschd (1126–1198), gilt als führender Philosoph des West-Islams. Als großer Verehrer des Aristoteles versuchte er, in zahlreichen Kommentaren dessen philosophische Lehren mit der Theologie des Islams zu verbinden.

Averroës vertritt folgende drei theologischen Meinungen, die in der Folge als → häretisch verurteilt wurden: Die Theorie der doppelten Wahrheit, nach der das, was für den Glauben wahr ist, für die Vernunft falsch sein kann; den Glauben an die Ewigkeit der Welt, welche die Leugnung der Schöpfung einschließt; schließlich die Bekräftigung der Einheit des Geistes, was die Unsterblichkeit einer individuellen Seele unmöglich macht.

Die Lehren Averroës wirkten im 13. Jahrhundert vor allem in Paris weiter (→ *Averroismus*).

Der Sieg
des heiligen
Augustin
über den Ketzer
Averroës.

Averroismus

Der Averroismus entwickelte sich in Paris um 1250. Die führenden Averroisten Siger von Brabant und → Johannes von Jandun übernahmen → Averroës Lehren von der Ewigkeit der Welt und von der einen, allem gemeinsamen Vernunft, was u. a. bedeutet, daß die Vorstellungen der Religion nur allegorische Verhüllungen der reinen, philosophischen Wahrheit sind.

Der Pariser Bischof Etienne Tempier verurteilte 1270 und 1277 solche averroistischen Lehrmeinungen als häretisch.

Zu den 219 verurteilten Thesen von 1277 zählten:

»37. Nichts ist zu glauben, es sei denn evident oder aus Evidentem beweisbar.
87. Die Welt ist ewig in bezug auf alle in ihr enthaltenen Arten.
152. Die Reden des Theologen sind in Fabeln begründet.
154. Die Weisen der Welt sind ausschließlich die Philosophen.
168. Enthaltsamkeit ist nicht wesenhaft eine Tugend.
174. Fabeln und Falschheiten sind enthalten im christlichen Gesetz wie auch in anderen.
175. Das christliche Gesetz verhindert Wissensfortschritt.
176. Die Glückseligkeit wird in diesem Leben besessen, nicht in einem anderen.«

(Zit. n. K. Flasch: *Geschichte der Philosophie,* S. 360ff.)

Avicenna

Avicenna, eig. Ibn Sina (980–1037), war als Arzt und Philosoph einer der herausragendsten arabischen Gelehrten. Er verschmolz aristotelische mit neuplatonischer Philosophie.

Sein Hauptwerk, die große Enzyklopädie *Kitabasch schifa* (Buch der Genesung der Seele) beeinflußte wesentlich die → Scholastik, besonders → Albertus Magnus und → Thomas von Aquin.

Aber auch Avicennas medizinische Lehren, sein *Canon medicinae,* waren jahrhundertelang an den abendländischen Universitäten maßgebend.

Avignon

Von 1309 bis 1376 hatte das Papsttum seinen Sitz in Avignon (›Babylonisches Exil‹), da in Rom unsichere Verhältnisse herrschten. Clemens V., ein Franzose, der unter dem Einfluß des französischen Königs Philipp IV., des Schönen, stand, residierte als erster Papst in Avignon. Sein Nachfolger war → Johannes XXII. 1324 forderte er → Wilhelm von Ockham auf – gegen ihn war ein Häresie-Prozeß eingeleitet worden –, an den päpstlichen Hof zu kommen, von dem Ockham 1328 floh.

Während der Zeit des Großen Schismas (1378–1417) war Avignon Sitz der Gegenpäpste.

→ Marsilius von Padua, der Staatsphilosoph und Berater → Ludwigs, nannte den Sitz der Päpste in Avignon ein »Haus der Händler«, eine »entsetzliche Räuberhöhle« und einen »Schlupfwinkel aller Verbrecher«. Der Papst, an dessen Hof 500 Personen beschäftigt waren, lebte wie ein weltlicher Fürst in Saus und Braus.

Der Nepotismus, die Vetternwirtschaft, blühte. Ämter und Würden wurden verschachert (Simonie): der Rubel rollte. Auch vor diesem Hintergrund muß man die vehemente Diskussion und den erbitterten Streit um die → Armutsfrage sehen.

Im Jahr 1327 gab es in Avignon 43 Bankhäuser. Papst Johannes XXII., der von 1316–1334 in Avignon residierte, kaufte für sich 40 Kleidungsstücke aus Goldbrokat zum Preis von 1200 Goldflorin; noch kostspieliger waren seine Pelze.

Die Kleiderkosten seines Gefolges beliefen sich auf jährlich ca. 8000 Goldflorin.

Bacon → Roger Bacon

Benediktiner

Der heilige Benedict von Nursia gründete um 529 das Kloster Monte Cassino. Die Regeln, die er aufstellte, wurden für den in ganz Europa sich ausbreitenden Orden der Benediktiner verbindlich und leiteten eine Klosterreform ein. Die Benediktinerregel, bald die fast einzige abendländische Mönchsregel, geht davon aus, daß man nur im Kloster ein asketisches Leben führen kann und daß dieses nicht nur von Gebet und Meditation, sondern auch von notwendigen und nützlichen Arbeiten ausgefüllt sein muß: ora et labora – bete und arbeite. Das nach einem Probejahr abgelegte Gelübde, das nicht widerrufen werden kann, verpflichtet zum Verbleiben im Kloster bzw. Mönchsstand, zu Armut, Schweigen und Keuschheit und zu unbedingtem Gehorsam. Die Leitung des Klosters lag in den Händen des Abtes. Aus der Verpflichtung, auch Knaben aufzunehmen, leitete sich die Entstehung von Klosterschulen her. Die anfängliche missionarische Arbeit entwickelte sich bald zu einer kulturellen Betätigung. Während der Blütezeit des Ordens im frühen Hochmittelalter galten die Benediktinerklöster als Hochburgen der Philosophie, Wissenschaft und Kunst. Namhafte Lehrer unterrichteten an den Klosterschulen, aus denen viele berühmte Schüler hervorgingen.

Der zunehmende Besitz und Reichtum der Klöster führte zu einer Lockerung der Regeln und ihrem Niedergang im 13. Jahrhundert. Die Städte mit ihren → Universitäten haben den Klöstern das Privileg der Wissensvermittlung streitig gemacht.

Erst im 15. Jahrhundert begann eine Reformation des Mönchtums.

Bernhard von Clairvaux

Bernhard von Clairvaux (um 1090–1153) war die beherrschende Gestalt des frühen 12. Jahrhunderts. 1115 gründete er das Zisterzienserkloster Clairvaux.

Im → Universalienstreit bekämpfte er die nominalistische Philosophie Abaelards (→ *Nominalismus*; → *Abaelard*). Bernhard vertrat die Lehre der Kirchenväter und predigte monastische Frömmigkeit: »Der christliche Glaube bedarf der Wissenschaft nicht und der einzelne Christ erreicht sein Ziel ohne alle Wissenschaft.«

Bernhard, der den Beinamen ›melifluus‹ (honigfließend) hatte, war der bedeutendste Prediger des Mittelalters. Im Auftrag von Papst Eugen III. predigte Bernhard mit überwältigendem Erfolg (1146) für den Zweiten Kreuzzug, über dessen Scheitern er bis zu seinem Tod enttäuscht war. 1174 wurde Bernhard bereits heiliggesprochen.

›Chimäre des Jahrhunderts‹ nannte sich Bernhard selber, weil er zwischen Gott und der Welt stand. Er war nicht nur der führende Kirchenpolitiker und Theologe seiner Zeit, sondern auch der bedeutendste Mystiker (→ Mystik), dessen Schriften → Thomas von Aquin und → Meister Eckehart beeinflußten.

Bertrand del Poggetto

Bertrand del Poggetto (ca. 1280–1352) war ein Neffe von Papst → Johannes XXII. und wurde von ihm als Legat mit weitgehenden Vollmachten nach Italien geschickt. Er machte Bologna zu seinem Sitz.

Bonagratia von Bergamo

Der Theologe und Jurist Bonagratia von Bergamo wurde 1322 vom Generalkapitel der Franziskaner in Perugia beauftragt, ihre Auffassung der → Armutsfrage dem Papst in Avignon darzulegen. Die Folge war eine einjährige Kerkerstrafe.

1328 floh Bonagratia mit → Ockham und → Michael von Cesena aus Avignon zum kaiserlichen Hof nach Pisa. Von 1320 bis zu seinem Tod 1343 lebte er im Franziskanerkloster in München.

Bonaventura

Der heilige Bonaventura (1221–1274) trat nach einem Studium an der Artistenfakultät in Paris 1243 in den → Franziskanerorden ein, wurde nach weiteren Studien Doktor der Theologie und lehrte zwischen 1248 und 1255 in Paris. 1257 wurde er zum Ordensgeneral der → Franziskaner gewählt.

In der → Armutsfrage nahm Bonaventura einen Standpunkt der Mitte ein, zwischen → Konventualen und → Spiritualen.

Bonaventura entwarf eine neuplatonisch-mystische Erkenntnislehre und Lichtmetaphysik. Seine charakteristische Schrift ist das *Itinerarium mentis in Deum* (Pilgerbuch der Seele zu Gott). Die sechs Stufen, die zu Gott hin und in ihn hineinführen, werden zugleich mit Hilfe von Vernunftschlüssen, dem Gebrauch der Dialektik und durch geistliche Askese bewältigt. Seine Theorie basiert auf der Einheit von → Scholastik und → Mystik.

Dionysios Areopagita

Dionysios Areopagita wurde von Apostel Paulus bekehrt und war der erste Bischof von Athen. Gegen Ende des 5. Jahrhunderts erschienen von einem syrischen Mönch (Pseudo-Dionysios Areopagita) mehrere Werke, in denen er die christliche Lehre mit den Denkformen und in der Begriffssprache der Neuplatoniker ausdrückte. Abt Hilduin von St.-Denis übersetzte als erster im 9. Jahrhundert die Schriften des Pseudo-Dionysios Areopagita ins Lateinische und hielt ihn für identisch mit dem Patron seines Klosters, dem Märtyrer, Dionysios von Paris. Die Schriften des Pseudo-Dionysios Areopagita beeinflußten ganz entscheidend die abendländische → Mystik und das theologisch-spekulative Denken der Scholastiker (→ Scholastik).

Nach Dionysios ist Gott das Eine, aus dem die Welt in stufenweisem Abstieg hervorgeht: Von unten kehrt alles aufsteigend durch die drei Stufen der Reinigung, Erleuchtung und Einswerdung zu Gott zurück. Die mittelalterliche Lichtmetaphorik basiert auf den Schriften des Pseudo-Dionysios.

Was aber möchte einer über den Sonnenstrahl an und für sich betrachtet sagen? Denn das Licht stammt vom Guten und ist ein Bild der Güte. Deshalb wird auch das Gute mit dem Namen ›Licht‹ gepriesen, weil sich das Urbild im Abbild offenbart. Gleichwie nämlich die Güte der alles übersteigenden Gottheit von den höchsten und vornehmsten Wesen bis zu den untersten herabdringt und doch über allen ist, da weder die obern Wesen die Überhoheit derselben (Güte) überragen, noch die untern aus ihrer Umfassung heraustreten; wie sie vielmehr alles erleuchtet, erschafft, belebt, zusammenhält und vollendet, wie sie das Maß aller Wesen, deren Äon, Zahl, Ordnung, Umfassung, Ursache und Endziel ist: so erleuchtet auch das strahlende Abbild der göttlichen Güte, diese große, durch und durch lichte, immer flammende Sonne, wie ein vielgestaltiges Echo des Guten, alle Körper, die an ihr teilnehmen können, und hat von obenher ihr Licht ausgebreitet und läßt den Glanz der ihr eigenen Strahlen über die ganze sichtbare Welt, Höhen und Tiefen, dahinfluten.

(Pseudo-Dionysios Areopagita. *De divinibus nominibus XIII, 4,* zit. n. K. Flasch: *Geschichte der Philosophie,* S. 142)

Dominikaner

Der Orden der Dominikaner wurde von dem heiligen Dominikus (um 1170–1221) gegründet und vom Papst anerkannt.

Die Ordensregel der Dominikaner fordert – anders als die der Franziskaner – kein strenges Armutsgelübde. Papst Gregor IX. übertrug 1232 die → Inquisition, die Ketzerverfolgung, den Dominikanern, von gelegentlichen Ausnahmen abgesehen. Außerdem war der theologische Berater des Papstes stets ein Dominikaner. Viele bedeutende Theologen wie → Albertus Magnus und → Thomas von Aquin und → Meister Eckhart waren Dominikaner.

Eckhart → Meister Eckhart

Flagellanten

Die Bewegung der Flagellanten, Geißler, entstand um 1260 durch die apokalyptische Endzeiterwartung von → Joachim von Fiore. Die Flagellanten bildeten Laienbruderschaften und geißelten sich öffentlich.

Papst Innozenz III. bestätigt die Franziskaner-Regel.
Fresko von Giotto (1266–1337) in S. Francesco in Assisi.

Die Ordensgründungen im Hochmittelalter sind in Zusammenhang mit den sozialen und gesellschaftlichen Spannungen jener Zeit zu sehen. Franz von Assisi (um 1181–1226) wird als Gründer des Ordens der Minoriten oder Minderbrüder, der Franziskaner, verehrt. Papst Innozenz III. billigte 1210 die erste Fassung der Ordensregel, die 1223 in der *Regula bullata* ihre gültige Niederschrift gefunden hat.

Während der folgenden hundert Jahre entzündeten sich an der → Armutsfrage im Franziskanerorden erbitterte Parteikämpfe zwischen den gemäßigten → Konventualen und den radikalen → Spiritualen. Der heilige Franziskus hatte diese Entwicklung vorausgesehen. Als ihn ein Novize um ein Psalmbuch bat, hatte er geantwortet: »Wenn du ein Psalmbuch hast, wirst du ein Brevier haben wollen, und wenn du ein Brevier hast, wirst du wie ein großer Prälat auf einem Thron sitzen wollen, und du wirst zu deinem Bruder sagen: ›Bruder, bring mir mein Brevier.‹« Die Ordensregeln verlangten: Beachtung des Evangeliums, Preisgabe jeglichen Besitzes, Verbot der Geldannahme – im Notfall war Betteln erlaubt –, Selbstheilung und Arbeit am Seelenheil des Nächsten. Die Tracht der Franziskaner, auch da kam es zum Streit zwischen den Konventualen und Spiritualen, war ein grobes Gewand mit Kapuze, ein Strick und nur im Ausnahmefall Schuhe.

Je nachdem welcher Flügel gerade an der Macht war und den Ordensgeneral stellte, wurden die Gegner verfolgt und der → Inquisition übergeben. Die Krise erreichte 1322 auf dem Generalkapitel des Ordens in Perugia ihren Höhepunkt, als erkärt wurde, daß Christus und die Apostel in strengster Armut gelebt und weder persönlichen noch gemeinsamen Besitz gehabt hätten. Papst → Johannes XXII. ergriff 1323 (Bulle *Cum inter nonnullos*) in der → Armutsfrage die Partei der → Dominikaner und verurteilte die franziskanische Ansicht der völligen Besitzlosigkeit von Christus und seinen Jüngern als → häretisch. Die Mehrzahl der Franziskaner unterwarf sich auf dem Generalkapitel in Paris 1329 dem Papst.

Viele Theologen und Philosophen waren Franziskaner, zum Beispiel → Bonaventura, Duns Scotus, → Roger Bacon und → Wilhelm von Ockham.

Fratizellen

Zu Beginn des 14. Jahrhunderts sonderten sich die Fratizellen (fraticelli) von den → Spiritualen des → Franziskanerordens ab. Die eigentlichen Fratizellen sahen in der die evangelische Armut verfolgenden Kirche den → Antichrist und sich selbst als die wahre Geistkirche (ecclesia spiritualis). 1323 erklärte → Johannes XXII. die Behauptung der Fratizellen, daß Christus und die Apostel nichts Eigenes besessen hätten, für häretisch (→ Häresie).

Grosseteste → Robert Grosseteste

Häresie

Unter Häresie versteht man eine Irrlehre, Ketzerei gegen ein Dogma der christlichen Glaubenslehre. Im 12. Jahrhundert wurde Ketzerei für Häresie gebräuchlich, wobei Ketzer von Katharer abgeleitet wurde, jener Sekte, welche die → Inquisition im 13. Jahrhundert auslöschte. Zur Unterdrückung der Häresie verpflichtete die Kirche den Staat und entwikkelte im 13. Jahrhundert ein päpstliches Ketzerrecht: die Inquisition. Nach dem Konzil von Toulouse (1229) war es Laien verboten, die Bibel zu lesen, und wer im Besitz einer Bibelübersetzung in der Volkssprache war, galt als Häretiker.

Inquisition

»Wer nicht in mir bleibt, der wird weggeworfen wie eine Rebe und verdorrt, und man sammelt sie und wirft sie in das

Darstellung der dritten Posaune.
Facundus-Handschrift nach Beatus von Liébana. –
Ubi mons magnus ardens missus est in mare:
»Und der andere Engel posaunte: und es fuhr wie ein großer Berg mit Feuer brennend ins Meer; und der dritte Teil des Meeres ward Blut.« (*Apokalypse* 8,8) –
»Starb nicht der zweite Junge in einem Meer von Blut?
Paß auf, wenn die dritte Posaune ertönt!« (*S. 202*)

Rückseite:
Die vier apokalyptischen Reiter.
Apokalypsenhandschrift Valladolid um 970;
nach Beatus von Liébana.

Feuer, und sie muß brennen.« Mit diesen Bibelworten aus dem Johannes-Evangelium (XV, 6) hat die Inquisition, die Inquisitio haereticae pravitatis, die Untersuchung des Ketzerübels, die härteste Strafe, die Verbrennung der Verurteilten, begründet und gerechtfertigt. Der Geist der Unduldsamkeit erstand früh. Schon der heilige → Augustinus (354–430), einer der Kirchenväter, kannte keine Nachsicht mit den Andersgläubigen und ließ sie verbrennen. »Aber so auch wir, oder ein Engel vom Himmel euch würde ein Evangelium predigen anders, dann das wir euch gepredigt haben, der sei verflucht.« (Galater I, 8). Am Ende des 12. Jahrhunderts breiteten sich die Häresien der Katharer, Waldenser und Humiliaten aus, und die ecclesia catholica, die katholische Kirche, reagierte darauf, indem sie das Sanctum Officium, das Heilige Amt, wie sie die Inquisition auch nannte, errichtete und den Staat zur Amtshilfe verpflichtete. Papst Lucius III. bestimmte auf dem Konzil in Verona 1184, daß alle Ketzer exkommuniziert werden, und hielt die Bischöfe an, die Ketzer zu inquirieren, zu suchen und zu belangen. Unter Papst Innocenz III. (1198–1216), der noch heute als einer der großen Päpste gilt und der sich selbst »kleiner als Gott, aber größer als jeder Mensch« sah, wurde die Macht des heiligen Amtes erweitert, indem er die bischöfliche Inquisition intensivierte und für ein effizientes Zusammenspiel von Kirche und öffentlicher Gewalt, dem weltlichen Arm, sorgte. 1229 auf dem Konzil in Toulouse wurden die Gesetze zur Ketzerverfolgung weiter verschärft. Der Kirchenbezirk wurde zum Polizeidistrikt, und die Gläubigen mußten Spitzeldienste leisten:

1. In jedem Kirchenbezirk in der Stadt und außerhalb der Stadt werden die Bischöfe einen Priester und zwei oder drei oder, je nach Bedarf, noch mehr Laien von einwandfreiem Ruf benennen, die sich durch Schwur verpflichten, emsig und genau die Häretiker in ihrem Kirchenbezirk aufzuspüren. Sie werden minutiös die verdächtigen Häuser durchsuchen, Kammern und Keller und die verborgensten Winkel, die dabei zerstört werden dürfen. Wenn sie Häretiker entdecken oder Personen, die den Häretikern Vertrauen oder Begünstigungen, Asyl oder Schutz gewähren, werden sie Maßnahmen ergrei-

Ketzerverbrennung (1493). Holzschnitt von M. Wolgemut.

fen, um sie an der Flucht zu hindern, und sie so schnell wie möglich beim Bischof und beim Herrn des Platzes oder seinem Amtmann (bayle) anzeigen...

5. Bestraft wird ebenfalls derjenige, auf dessen Land, wenn auch aus Nachlässigkeit und nicht gewollt, Häretiker anzutreffen sind.

6. Das Haus, in dem ein Häretiker entdeckt wird, wird abgerissen, der Grund wird konfisziert...

18. Als Häretiker gelten diejenigen, die von der Stimme des Volkes als Häretiker bezeichnet werden oder deren schlechter Ruf durch ehrenwerte Personen vor dem Bischof nach dem Gesetz bezeugt würde...

(Zit. n. Baier: *Die große Ketzerei,* S. 149)

Papst Gregor IX. (1227–1241) entzog dann 1232 und 1233 die Inquisition den Bischöfen und übertrug sie den → Dominikanermönchen. Da diese sich als unerbittliche Inquisitoren herausstellten, wurden später bei Inquisitionsprozessen gelegentlich Franziskaner hinzugezogen, die als vergleichsweise milde galten. Die Inquisition wütete in ganz Europa. Die Angeklagten hatten keinerlei Rechte. An ihnen lag es, ihre Unschuld zu beweisen, was praktisch unmöglich war. So bestand die einzige Möglichkeit darin, der Häresie abzuschwören. Aber auch dann konnte der Inquisitor, der Ankläger und Richter zugleich war, das Strafmaß frei wählen. Es reichte von Enteignung des Besitzes bis zu lebenslänglichem Kerker oder Verbrennung. 1252 erlaubte Papst Innocenz IV. (1243–1254) mit seiner Bulle *Ad extirpanda* (Zum Ausrotten) die Folter zur Wahrheitsfindung. Dennoch existierten die Häresien weiter. Gegen Ende des 13. Jahrhunderts breiteten sie sich sogar aus, und neue entstanden, wie z. B. die Spiritualen bei den → Franziskanern. Zu Beginn des 14. Jahrhunderts war die Inquisition unter Papst → Johannes XXII. (1316–1334) mit den Parteikämpfen der Franziskaner voll beschäftigt.

Inquisitor Bernard Gui

Neben Jacques Fournier war Bernard Gui Anfang des 14. Jahrhunderts der berühmt-berüchtigste Inquisitor. Der → Dominikaner Bernard Gui hat seine jahrzehntelange Inquisitionserfahrung 1231 in seinem ›Handbuch der Inquisition‹ (*Pratica Inquisitionis heretice pravitatis*) zusammengefaßt. Dort findet sich auch folgendes Musterverhör:

Wenn ein Ketzer zum ersten Male zum Verhöre vorgeführt wird, so nimmt er eine zuversichtliche Miene an, als ob er sicher sei im Gefühle seiner Unschuld. Ich frage ihn, warum er vor mich gebracht sei. Lächelnd und artig erwidert er: Herr, es würde mich freuen, von Euch den Grund zu erfahren!

Ich: Ihr seid angeklagt, ein Ketzer zu sein und anders zu glauben und zu lehren als die heilige Kirche.

Angeklagter (indem er seine Augen gen Himmel erhebt und eine Miene gläubiger Frömmigkeit annimmt): O Gott, du weißt, daß ich dessen unschuldig bin und daß ich niemals irgendeinen anderen Glauben bekannt habe als den des wahren Christentums.

Ich: Ihr nennt euren Glauben christlich, weil ihr unseren für falsch und ketzerisch anseht; aber ich frage Euch, ob Ihr jemals einen anderen Glauben für ebenso wahr gehalten habt als den, welchen die römische Kirche für wahr hält.

A.: Ich glaube den wahren Glauben, den die römische Kirche glaubt und den ihr uns öffentlich lehrt.

Ich: Vielleicht leben einige von Eurer Sekte in Rom. Diese nennt Ihr die römische Kirche. Wenn ich predige, so rede ich von vielen Dingen, von denen einige uns beiden gemeinsam sind, z. B. daß es einen Gott gibt, und Ihr glaubt etwas von dem, was ich predige. Nichtsdestoweniger könnt Ihr ein Ketzer sein, weil Ihr andere Dinge glaubt als die, welche geglaubt werden müssen.

A.: Ich glaube alles, was ein Christ glauben muß.

Ich: Ich kenne eure Schliche. Was die Mitglieder Eurer Sekte glauben, das haltet Ihr für das, was ein Christ glauben muß. Aber wir verlieren Zeit bei diesem Wortstreite. Sagt einfach: Glaubt Ihr an den Einen Gott, den Vater, den Sohn und den Heiligen Geist?

A.: Ich glaube es.

Ich: Glaubt Ihr an Jesum Christum, geboren aus der Jungfrau, der gelitten hat und auferstanden und aufgefahren ist gegen Himmel?

A. (freudig und schnell): Ich glaube.

Ich: Glaubt Ihr, daß bei der von dem Priester zelebrierten Messe das Brot und der Wein durch göttliche Kraft in den Leib und das Blut Jesu Christi verwandelt werden?

A.: Sollte ich das nicht glauben?

Ich: Ich frage nicht, ob Ihr das nicht glauben sollt, sondern ob Ihr es glaubt.

A.: Ich glaube alles, was Ihr und andere gute Doktoren mir zu glauben vorstellt.

Ich: Diese guten Doktoren sind die Lehrer Eurer Sekte; wenn ich mit ihnen übereinstimme, glaubt Ihr auch mir; wenn nicht, nicht.

A.: Ich glaube gern wie Ihr, wenn Ihr mich lehrt, was gut für mich ist.

Ich: Ihr haltet es für gut, wenn ich dasselbe lehre, was Eure anderen Lehrer auch lehren. Sage also, glaubst du, daß der Leib unseres Herrn Jesu Christi auf dem Altare ist?

A.(schnell): Ich glaube es.

Ich: Ihr wisset, daß ein Leib da ist, und daß alle Leiber von unserem Herrn sind. Ich frage Euch, ob der Leib, der dort ist, der Leib des Herrn ist, der geboren war von der Jungfrau Maria, der am Kreuze gehangen hat, der von den Toten auferstanden und gen Himmel aufgefahren ist usw.?

A.: Und Ihr, Herr, glaubt Ihr es nicht?

Ich: Ich glaube es durchaus.

A.: Ich glaube es ebenso.

Ich: Ihr glaubt, daß ich es glaube; aber ich frage Euch nicht darnach; ich frage Euch vielmehr, ob Ihr es glaubt?

A.: Wenn Ihr alle meine Worte in anderer als in klarer und einfacher Weise auslegen wollt, dann weiß ich nicht mehr, was ich sagen soll. Ich bin ein einfacher und unwissender Mann. Ich bitte Euch, mir keine Schlinge aus meinen eigenen Worten zu machen.

Ich: Wenn Ihr einfach seid, so antwortet mir einfach ohne Ausflüchte.

A.: Gerne.

Ich: Wollt Ihr also schwören, daß Ihr nie etwas gelernt habt, was dem Glauben, den wir für wahr halten, widerspricht?

A. (erbleichend): Wenn ich schwören muß, so schwöre ich gerne.

Ich: Ich frage nicht, ob Ihr schwören müßt, sondern ob Ihr schwören wollt.

A.: Wenn Ihr mir befehlt, zu schwören, will ich schwören.

Ich: Ich will euch nicht zwingen, zu schwören, weil Ihr, da Ihr Eide für ungesetzlich haltet, mir, der ich Euch zwang, die Sünde zuschieben würdet; aber wenn Ihr schwören wollt, will ich Euren Eid entgegennehmen.

A.: Warum soll ich schwören, wenn Ihr es mir nicht befehlt?

Ich: Damit Ihr den Verdacht, ein Ketzer zu sein, von Euch abwälzet.

A.: Mein Herr, ich weiß nicht, wie ich schwören soll, wenn Ihr es mich nicht lehret.

Ich: Wenn ich zu schwören hätte, so würde ich meine Hand aufheben, meine Finger ausstrecken und sagen: So wahr mir Gott helfe, habe ich nie Ketzerei kennengelernt, noch etwas geglaubt, was im Widerspruch steht zum wahren Glauben.

Alsdann stottert er, als ob er die Formel nicht wiederholen könnte, so daß kein förmlicher Eid herauskommt und man doch glaubt, er habe geschworen. Oder er verdreht die Worte so, daß er gleichfalls nur scheinbar schwört. Oder er verwandelt den Eid in eine Gebetsformel. z. B.: ›Gott helfe mir, daß ich kein Ketzer bin!‹ Gefragt, ob er geschworen habe, wird er sagen: ›Hörtet Ihr mich nicht schwören?‹ Wird er dann weiter hart gedrängt, so fängt er an, an das Mitleid des Richters zu appellieren, indem er spricht: ›Mein Herr, wenn ich in etwas Unrecht getan habe, so will ich gerne die Buße tragen; nur helft mir, von einer Anklage mich zu reinigen, der ich aus Bosheit und ohne mein Verschulden preisgegeben wurde.‹ Aber ein energischer Inquisitor darf nicht zugeben, daß in solcher Weise auf ihn eingewirkt wird; er muß vielmehr entschlossen vorgehen, bis er solche Leute entweder zum Geständnis ihres Irrtums oder zur öffentlichen Abschwörung der Ketzerei veranlaßt, so daß sie, wenn sich später herausstellt, daß sie falsch geschworen haben, ohne weiteres Verhör dem weltlichen Arme überliefert werden können. Wenn jemand darin einwilligt, zu schwören, daß er kein Ketzer ist, so sage ich zu ihm: ›Wenn Ihr nur schwören wollt, um dem Scheiterhaufen zu entgehen, so wird weder ein Eid noch zehn, noch hundert, noch tausend genügen, weil ihr Euch gegenseitig von einer gewissen Zahl von Eiden, die ihr in der Zwangslage geleistet habt, dispensiert; ich werde daher unzählige Eide fordern. Außerdem werden Eure Eide, wenn ich, wie ich glaube, Beweise wider Euch besitze, Euch nicht vor dem Feuertode bewahren. Ihr werdet nur Euer Gewissen beflecken, ohne dem Tode entgehen zu können. Wenn Ihr dagegen einfach Euren Irrtum bekennt, könnt Ihr Gnade finden!‹ Ich habe Menschen gesehen, die, in solcher Art bedrängt, schließlich Geständnisse ablegten.

(Zit. n. H. Ch. Lea: *Die Inquisition*, S. 221–224)

Isidor von Sevilla

Isidor, der um 600 Erzbischof von Sevilla war, beeinflußte vor allem mit seinen *Etymologiae* oder *Origines* – Enzyklopädien des damaligen Wissens – nachhaltig die Bildung des mittelalterlichen Abendlandes (→V. 2. Texte als Teil des Textes). Ohne ihn wäre manches Wissen über das Altertum verlorengegangen. Noch im 15. Jahrhundert wurde Isidors Enzyklopädie an allen Universitäten benutzt, wie mehrere Neuausgaben belegen. In Form von Worterklärungen behandelt die Enzyklopädie die sieben ›artes liberales‹ (freien Künste): Grammatik, Rhetorik, Dialektik, Arithmetik, Geometrie, Astronomie, Musiktheorie. Darüber hinaus enthält sie auch Ausführungen über Begriffe aus Medizin, Recht, Zeitrechnung, Theologie, Philosophie, Gesellschaftslehre, Etymologie, Anthropologie, Zoologie, Physik, Geographie, Baukunst, Mineralien, Ackerbau, Krieg, Theater und Spiele, Handwerkskünste, Kleidung, Hausrat.

Joachim von Fiore

Joachim von Fiore (um 1130–1202) war Geschichtsmetaphysiker und gründete um 1190 den Florenser-Orden. Inspiriert von der → *Apokalypse* des Johannes entwarf Joachim seine Drei-Zeiten-Lehre: das Reich des Vaters, des Sohnes und des Heiligen Geistes, dessen Beginn er für das Jahr 1260 voraussagte. In der zweiten Hälfte des 13. Jahrhunderts galt er den → Spiritualen des → Franziskanerordens als Prophet des Ewigen Evangeliums.

Johannes XXII.

Jacques Duèse von Cahors (1245–1334) wurde 1316 im Alter von 71 Jahren zum Papst gewählt und nannte sich Johannes XXII. Er war der zweite Papst im Exil in → Avignon.

Als erster Papst hatte der machthungrige Johannes XXII. erkannt, daß in Zukunft der Besitz von Geld wichtiger war als der von Grund und Boden. Er vermehrte das Kircheneinkommen immens. Bei seinem Tod (1334) betrug das Vermögen 25 Millionen Goldgulden.

In der Bulle vom 31. März 1317 forderte Johannes XXII., daß die gesamte Jurisdiktion des Reiches dem Papst überantwortet werde, da Gott ihm alle Rechte des irdischen und himmlischen Imperiums verliehen hätte.

Johannes wollte die Kurfürsten dem Kaiser (→ *Ludwig der Bayer*) entfremden, um so die politische Macht Frankreichs zu stärken. Aus diesem Grund wies Johannes alle Versöhnungsversuche Ludwigs zurück.

1328 bezichtigte Ludwig den Papst der → Häresie und erklärte Nikolaus V. zum Gegenpapst (1328–1330). 1334 sollte auf Betreiben von Kardinal Orsini, dem Anführer der papstfeindlichen Partei, ein Konzil in Deutschland einberufen werden, mit dem Ziel, Johannes abzusetzen.

→ Bonagratio von Bergamo und → Wilhelm von Ockham, beide am Hof von Ludwig in München, verfaßten Kommentare zur päpstlichen Häresie. Doch es kam zu keinem Konzil mehr, da Johannes im Dezember 1334 starb.

Johannes von Jandun

Johannes, um 1300 in Jandun geboren, war ein bedeutender Vertreter des → Averroismus und lehrte wie → Marsilius an der → Universität von Paris. Da Johannes auch dessen staatstheoretische Ansichten teilte, hielten ihn seine Zeitgenossen für den Mitverfasser des *Defensor pacis*. Der Papst exkommunizierte ihn 1327, und Johannes floh mit Marsilius an den Hof von → Ludwig dem Bayern nach München. 1328 starb Johannes.

Die Vorbilder der abendländischen Klöster waren die Eremitensiedlungen des Morgenlandes. Mit der Klostergründung von Johannes Cassianus zu Beginn des 5. Jahrhunderts entstand das abendländische Mönchstum, das sich bis nach Irland ausbreitete. Von dort zogen zwei Jahrhunderte später Wandermönche auf den Kontinent, missionierten und gründeten Klöster, so zum Beispiel der heilige Colomban St. Gallen und im Jahr 614 Bobbio in Oberitalien. An der Formung und Weiterentwicklung des Mönchtums hatte Benedikt von Nursia großen Anteil. Er gründete um 529 das Kloster Monte Cassino, und seine Ordensregel (→ *Benediktiner*) wurde bald zur fast einzig gültigen. Die Klöster des Mittelalters bewahrten die geistigen Schätze der heidnischen und christlichen Vergangenheit in ihren Bibliotheken auf. Sie kopierten die Schriften und trugen dadurch wesentlich zur Wissensvermittlung in den Klosterschulen bei, bis ihnen im 12. Jahrhundert die → Universitäten diese Aufgabe streitig machten.

Die Handwerks- und Landwirtschaftsbetriebe der Klöster mehrten die Reichtümer, wodurch ein Verfall der mönchischen Prinzipien eintrat. Von dem um 910 gegründeten Kloster Cluny ging im 11. Jahrhundert eine Reform aus, die sich gegen den Reichtum der Benediktiner aussprach. Viele Klöster- und Ordensneugründungen gegen Ende des 12. Jahrhunderts resultierten daraus.

Ein Jahrhundert später begann die Krisenzeit der festgefügten mittelalterlichen Welt; selbst die hohen Mauern der mächtigen Klosteranlagen boten keinen Schutz vor dem Eindringen der weltlichen Machtkonflikte. Die Zeiten, in denen die Klöster ein Sinnbild des Heiligen Jerusalem waren oder sein sollten, gehörten längst der Vergangenheit an. Einige Mönchsorden ließen sogar ein Taschengeld zu und verliehen Geld gegen Zinsen. In manchen Klöstern war der Konsum von vier Liter Bier pro Tag erlaubt, die Mönche schwatzten – die Schweigepflicht war aufgehoben –, aßen

Fleisch, trugen Pelze und juwelengeschmückte Gewänder. Sie hielten sich Diener, die in reichen Klöstern zahlreicher waren als die Mönche selbst.

Der heilige Bonaventura nannte in seinen *Erörterungen von Problemen der Minderbrüder-Regel* (um 1260) u.a. folgende zwei Gründe für den Verfall:

Ein vierter Grund ist, daß sich allmählich ungute Bräuche einschleichen, die sogleich von anderen nachgeahmt werden. Und wenn jemand in frommem Eifer sie ablehnt, verteidigen andere sie frech: Warum sie denn nicht dürften, was anderen erlaubt sei? Und wenn der Brauch sich durch die Gewöhnung erst einmal als bequem herausstellt, wird er wie ein Gesetz gehalten und ist fortan kaum mehr auszurotten. Auch wenn die Leiter derlei nicht lieben, übersehen sie es doch geflissentlich, um kein größeres Unheil heraufzubeschwören und mit den Brüdern friedlich zu leben. Sobald ein derartiger Brauch erträglich geworden ist, wird in seinem Gefolge noch ein zweiter eingeführt, als ob er mit dem ersten zusammenhinge, und wenn der neue zugelassen wird, muß auch der alte hingenommen werden. Ein fünfter Grund ist die Beschäftigung mit häufig auftauchenden weltlichen Geschäften. Sie macht das Herz zwiespältig, löscht die Leidenschaft der frommen Hingabe, verändert den Lebenswandel, trägt ins Herz Anlässe zum Laster und verwickelt die Mönche in immer neue Schwierigkeiten. Dann können sie nicht mehr wirksam auf ihre Besserung sinnen und denken schließlich dauernd an lauter Äußerlichkeiten. Das Auge ihres Gewissens wird blind, und wahllos suchen sie nach Gründen für Beschäftigungen, auch wenn es keine gibt, so wie der geblendete Samson im Kerker eine Mühle drehte. Richter 16, 21. ... Aus diesen und anderen Gründen verfällt der Zustand des Ordenslebens; er wird nicht bloß schlechter, sondern fast verzweifelt und ließe sich kaum je reformieren, wenn es Gott nicht anders fügte. Weil aber denen, die Gott lieben, alles zum Guten gereicht, kann das, was im Allgemeinen nicht eintritt, im Besonderen geschehen. Wer Fortschritte machen will, wendet den Schaden anderer zu seinem Vorteil.

(Zit. n. A. Borst: *Lebensformen im Mittelalter,* S. 532f.)

Klosterbau

Der St. Galler Klosterplan, der um 820 entstanden ist und den ersten Architekturplan des Abendlandes darstellt, war für den Bau aller Klosteranlagen bestimmend, auch wenn er nicht exakt verwirklicht wurde.

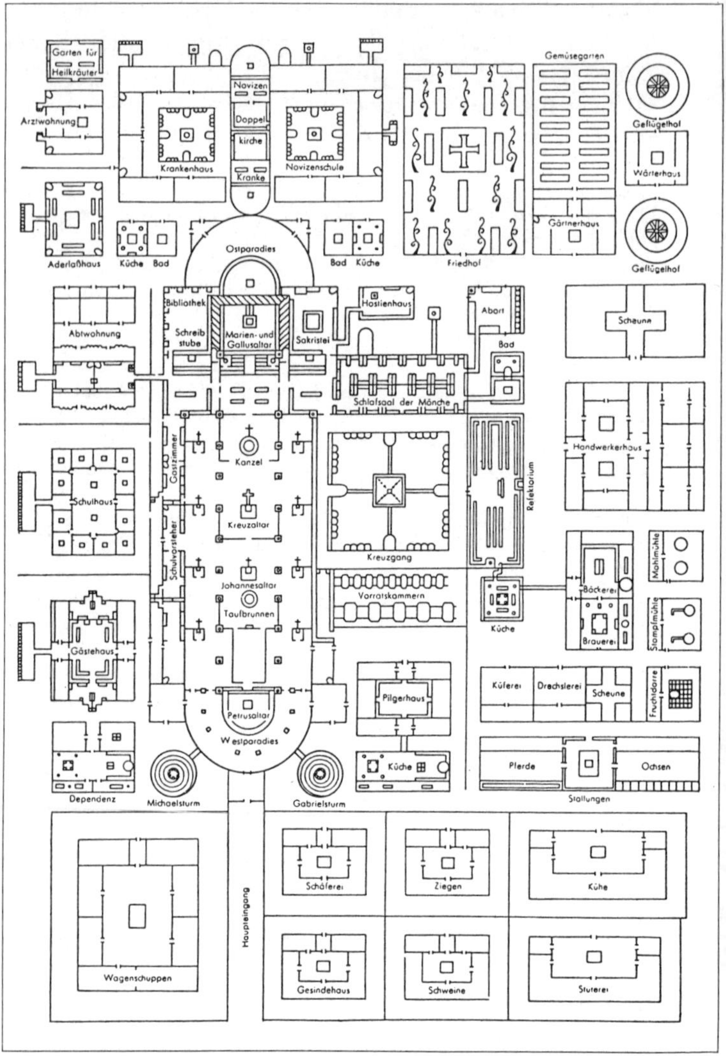

Das ideale Kloster – wie es der Sankt Galler Klosterplan des 9. Jahrhunderts zeigt – war eine wohlorganisierte Arbeitsgemeinschaft mit der Kirche im Zentrum.

Die Kirche ist der Mittelpunkt der Klosteranlage, die von Mauern umfriedet wird und ein längliches Viereck bildet. An der Nordseite der doppelchörigen Kirche, zwischen Ostchor und Querschiff der Basilika, befindet sich als Anbau die zweigeschossige Bibliothek. Laut Beschriftung ist unten die Schreibstube, das Skriptorium, und darüber der Bücherspeicher. In der Mitte des Skriptoriums steht ein Tisch, an den Fensternischen befinden sich sieben Tische. Von der oberen Bibliothek führt ein Gang in den Hochchor, wo die liturgischen Bücher während der Messe benützt werden.

Gegen Süden schließt an die Kirche das Claustrum (Klausurtrakt) an, mit drei je zweistöckigen Gebäudeflügeln (Dormitorium, Refektorium, Vorratshaus, Pforte und Küche), die den quadratischen Innenhof mit dem Kreuzgang umfassen. Die anderen Bezirke dehnen sich in die vier Himmelsrichtungen aus: im Norden der vornehme Bezirk mit Gästehaus, Schule und Abtpfalz; nach Osten der stille Bezirk mit Hospital, Noviziat und Gärten; nach Süden der werktätige Bezirk mit Werk- und Wohnhäusern; nach Westen der land- und viehwirtschaftliche Bezirk mit den Stallungen.

Konventualen

Die Konventualen des → Franziskanerordens vertraten in der → Armutsfrage eine gemäßigte Meinung, akzeptierten den Nutznieß von Besitz und bekämpften die → Spiritualen.

Ludwig der Bayer

Nach dem unerwarteten Tod von Kaiser Heinrich VII. wurden Ludwig der Bayer (1287–1347), der seit 1302 Herzog von Oberbayern war, und Friedrich der Schöne von Österreich zu Römischen Königen gewählt.

Am 28. September 1322 besiegte Ludwig der Bayer seinen Rivalen in der Schlacht bei Mühldorf.

1324 belegte → Papst Johannes XXII. Ludwig mit dem großen Kirchenbann, weil er ohne päpstliche Approbation den Titel eines Römischen Königs angenommen und Herrschaftsrechte in Italien beansprucht hatte. So war Ludwig den von päpstlichen Truppen bedrängten Ghibellinen (Kaisertreuen) Oberitaliens zu Hilfe gekommen und unterstützte die als Ketzer verurteilten Visconti in Mailand. Ludwig bezichtigte daraufhin den Papst der → Häresie und wies in der Deklaration von Sachsenhausen 1324 den Bann zurück. Doch der Papst wehrte sich erfolgreich gegen die Einberufung eines Konzils, das über den Häresie-Vorwurf hätte richten sollen.

1328 ließ sich Ludwig von den Vertretern des römischen Volks zum Kaiser krönen und erklärte Nikolaus V. zum Gegenpapst (1328–1330). Gestützt auf die staatstheoretischen Argumente des → Marsilius von Padua (*Defensor pacis* 1327), verurteilte Ludwig ›Jacques de Cahors, der sich Papst Johannes XXII. nenne‹, wegen Ketzerei und Majestätsbeleidigung zum Tode.

1338 wiesen die Kurfürsten im Kurverein von Rhense jede Einmischung des Papsttums in die deutsche Königswahl zurück.

Ludwigs rücksichtslose Hausmachtvergrößerung, vor allem sein Zugriff auf Tirol, Kärnten und den Niederrhein, bewirkte, daß 1346 der Luxemburger Karl IV. als päpstlicher Gegenkönig gewählt und nach Ludwigs Tod 1347 auch allgemein anerkannt wurde.

Marsilius von Padua

Marsiglio dei Mainardini wurde um 1275 in Padua geboren. Dort studierte er Philosophie, Theologie und Medizin. Später war er Hochschullehrer und kurzfristig Rektor der Pariser Universität. 1324 erschien sein staatspolitisches Hauptwerk *Defensor pacis (Verteidiger des Friedens)*. Diesen Frieden sieht Marsilius durch den ungerechtfertigten Herrschaftsanspruch der Päpste gestört. Die Staatsgewalt soll monopolisiert werden und das Volk als Gesetzgeber wirken – wobei Frauen, Fremde und Unmündige nicht als Bürger galten. Die Kirche, nicht als Gemeinschaft der Gläubigen, sondern als Papst- und Machtkirche, widersetzte sich entschieden einer solchen Vorstellung von Staatssouveränität. Marsilius mußte nach Erscheinen der Abhandlung, die er → Ludwig dem Bayern gewidmet hatte, aus Paris fliehen und wurde von Papst → Johannes XXII. als Ketzer verurteilt. Zusammen mit → Wilhelm von Ockham (→ III. 2. William v. Baskerville), → Michael von Cesena und anderen floh er dann 1328 über Aigues Mortes zum Hof des Kaisers nach Pisa und zog mit Ludwig an den Hof nach München, wo er bis zu seinem Tode 1343 als Berater und Arzt tätig war.

Meister Eckhart

Meister Eckhart wurde um 1260 in Hochheim bei Gotha geboren, trat früh in den → Dominikanerorden ein und lehrte Theologie in Paris, Straßburg und Köln. Dort hielt er seine berühmten Predigten in deutscher Sprache und wurde von Papst → Johannes XXII., der ihm → Häresie vorwarf, nach → Avignon zitiert. Im April 1327 starb Eckhart vermutlich in Avignon. Zwei Jahre nach seinem Tod wurde er vom Papst verdammt.

Das Ziel der spekulativen → Mystik von Eckhart ist die Einswerdung der Seele mit Gott (unio mystica), die Geburt Gottes aus der Seele (›Gottes Sohn in uns gebären‹). Eckhart war der bedeutendste Mystiker seiner Zeit und hat starken Einfluß ausgeübt auf die Theologie und Philosophie der Folgezeit. In der 88. Predigt sagt Eckhart über die höchste Vollkommenheit:

›In principio‹ heißt: am Anfang alles Wesens. Es gibt auch ein Ende alles Wesens; denn der erste Beginn ist nur durch den Willen des letzten Endes. Ja, Gott selbst ruht nicht da, wo er der erste Beginn ist, sondern er ruht da, wo er ein Ende und ein Rasten allen Wesens ist; nicht, daß dann dieses Wesen zunichte würde, sondern es wird da zu seiner höchsten Vollkommenheit gebracht. Was ist aber das letzte Ende? Es ist die Verborgenheit in der Finsternis der ewigen Gottheit und ist unerkannt und ward nie erkannt und wird niemals erkannt werden. Gott bleibt darinnen sich selber unbekannt. Das Licht des ewigen Vaters aber hat ewiglich darin geschienen, und die Finsternisse haben es nicht begriffen.

(Meister Eckhart: *Vom Wunder der Seele*, S. 51; vgl. *S. 634f.*)

Michael von Cesena

Michael von Cesena lehrte von 1315 bis 1316 an der Universität in Paris Theologie und war dann bis 1328 Ordensgeneral der → Franziskaner. In der → Armutsfrage kam es zum heftigen Konflikt mit Papst → Johannes, da die Franziskaner die Ansicht vertraten, daß Christus und die Apostel weder gemeinsam noch allein Eigentum besessen hätten.

Nach dem Generalkapitel in Perugia 1322 erließ Johannes die Bulle *Ad Conditorem Canonum* und erklärte darin die franziskanische Auffassung für falsch. Michael bemühte sich in den folgenden Jahren vergeblich um einen Ausgleich mit dem Papst. Der Konflikt verschärfte sich noch, als Johannes 1327 Michael nach Avignon zitierte und ihn dort festhielt.

In einer Appelation an den Papst bekräftigte Michael 1328 den Armutsbegriff der Franziskaner. Alle Unterzeichner der Schrift waren daraufhin der unerbittlichen päpstlichen Verfolgung ausgesetzt. Zusammen mit → Wilhelm von Ockham, → Bonagratia von Bergamo und Franz von Marchia floh Michael im Mai 1328 aus → Avignon zum kaiserlichen Hof nach Pisa.

Michael wurde als Ordensgeneral bestätigt und setzte mit Wilhelm von Ockham die theologische Beweisführung fort, daß der Papst ein Ketzer sei. 1329 wurde Michael von Johannes exkommuniziert. Als → Ludwig seinen Hof nach München verlegen mußte, folgte ihm auch Michael von Cesena. Von 1330 bis zu seinem Tod 1342 lebte er im Franziskanerkloster in München.

Mystik

Ein grundlegender Wesenszug der Mystik ist die Vereinigung mit dem Göttlichen, dem göttlichen Wesen, der Gottheit: die ›unio mystica‹. Die christliche Mystik ist ein religiöses Urphänomen, bei dem in unmittelbarer Intuition das Erleben Gottes stattfindet.

Hauptvertreter der abendländischen Mystik des Mittelalters sind: → Dionysios Areopagita (Ende des 5.–Anfang des 6. Jahrhunderts), → Bernhard von Clairvaux (1090–1153), Hugo von St. Victor (1096–1141), Franz von Assisi (um 1181–1226), → Bonaventura (1221–1274), → Meister Eckhart (1260–1327).

Nominalismus

Der Nominalismus ist neben dem → Realismus im → Universalienstreit des Mittelalters die wichtigste Richtung. Der Nominalismus lehrt, daß im Gegensatz zum Einzelnen dem Allgemeinen keine Wirklichkeit (Realität) zukommt und Allgemeinbegriffe nur Namen (nomina) sind. Der Nominalismus untergrub die Vorrangstellung der Kirche und wurde deshalb vom Papst verurteilt.

Für die Nominalisten des 11. und 12. Jahrhunderts (Roscelin; → Abaelard), waren die Namen nur gesprochene Worte (universalia sunt voces). Zu Beginn des 14. Jahrhunderts entwickelte Wilhelm von → Ockham den Nominalismus weiter. Nach seiner Auffassung sind die Universalien, die fünf obersten Allgemeinbegriffe in der → Scholastik, Namen, aber im Sinne von Konzepten, Termini, Zeichen, Bedeutungsinhalten, die im Denken an die Stelle der konkreten Dinge treten. Dieser Nominalismus Ockhamscher Prägung, der manchmal auch Konzeptualismus genannt wird, bestimmte zunehmend die Philosophie im 14. und 15. Jahrhundert.

Ockham → Wilhelm von Ockham

Wilhelm von Ockham war der Begründer des spätmittelalterlichen Nominalismus, der den Fortgang der Philosophie entscheidend formte. Seine Lehre, daß den Universalien keine Bedeutung zukommt, daß allein die Einzeldinge, das Konkrete, das Individuelle wirklich sind, vollzieht eine rigorose Trennung von Wissenschaft und Theologie, schließt die Metaphysik aus der Wissenschaft aus und überläßt sie der Theologie. Die wissenschaftlichen Wahrheiten müssen widerspruchsfrei und mittels der Logik (»Die Logik nämlich ist das allen Künsten am meisten angemessene Werkzeug.« *Summa Logicae*) beweisbar sein, nicht aber die kirchlichen Wahrheiten, die Dogmen; denn wäre die Theologie eine Wissenschaft und ihre Wahrheiten evident beweisbar, so könnten die Theologen nicht zweifeln, müßten selbst die Ungläubigen daran glauben. Gott, so meint Ockham, hat die absolute Macht (potentia absoluta); er hat willkürlich die Welt in den Einzeldingen geschaffen und könnte sie jederzeit neu und anders wiedererschaffen. Die geordnete Macht Gottes (potentia ordinata) manifestiert sich in diesen Einzeldingen. Die Freiheit Gottes ermöglicht dem einzelnen Menschen erst die Freiheit, die Dinge zu erkennen. Was zählt, ist der individuelle Glaube und nicht die kirchlichen Dogmen: der Gläubige, nicht die Kirche. So ist nicht verwunderlich, daß Ockham auch die→ Mystik beeinflußt hat. Ockhams Erkenntnislehre, die er selber ›via moderna‹ (moderner Weg) nennt im Gegensatz zur ›via antiqua‹ (alter Weg) der Realisten, geht von den konkreten Dingen aus. Durch sinnliche Anschauung vermittelt sich die Präsenz des Wirklichen. Was Menschen erkennen, läßt sich aber nur über die Bedeutung der Termini, der Namen und Begriffe, in Sätzen erschließen.

Diese Auffassung, daß Bedeutung sich nur durch Sprachanalyse gewinnen läßt, daß sie letztlich in der Sprache, den Sätzen, liegt, vertraten im 20. Jahrhundert Ludwig Wittgenstein und die Analytische Philosophie. Ockham schuf mit

In principio erat verbum – Am Anfang war das Wort.
Initiale aus dem *Johannes-Evangelium* Kaiser Ottos III.
(11. Jahrhundert).

Das sonnenbekleidete Weib und der Drache.
Facundus-Handschrift nach Beatus von Liébana. – »Auf dem Tisch neben dem glimmenden Fäßchen lag aufgeschlagen ein großes farbig bemaltes Buch. Ich trat näher und entdeckte vier Streifen von verschiedener Farbe: gelb, zinnober, türkis und hellbraun. Darauf ein schrecklich anzusehendes Untier, ein Drache mit zehn Köpfen, der mit dem Schweif die Sterne am Himmel erfaßte und niederwarf auf die Erde. Und plötzlich vervielfachte sich der Drache…« (*S. 221*)

seiner Sprachphilosophie und Logik auch die Grundlagen einer modernen Zeichentheorie, wie sie im 19. Jahrhundert von Peirce, Saussure und heute last, not least von Umberto Eco zur Semiotik weiterentwickelt wurde.

Universalien sind für Ockham Namen, im Sinne von Zeichen, die aber nichts abbilden, sondern im Denken an die Stelle der konkreten Dinge getreten sind. Dabei gibt es vielfältige Möglichkeiten der Stellvertretung, der Supposition, je nachdem, wofür der Terminus, das Zeichen im Satzzusammenhang, steht. Die Suppositionslehre beschreibt so die Beziehungsfunktion von Zeichen, Bedeutung und Bezeichnung.

»Also kurzum: Alle Autoritäten, die sagen, dieses oder jenes Wissen handle von diesen oder jenen Dingen, müssen folgendermaßen ausgelegt werden: Sie handeln von Termini, welche für jene Dinge supponieren. Wenn gesagt wird, ein bestimmtes Wissen handle von werdenden und vergänglichen Dingen, so bedeutet dies, es handle von Termini, die in gewußten Aussagen für derartige werdende und vergängliche Dinge supponieren. (...) Deshalb sind viele Unterscheidungen, mittels derer unterschieden wird, daß die beweglichen oder vergänglichen Dinge auf die oder jene Weise betrachtet werden können oder daß sie in einer Hinsicht veränderlich und daß sie in einer anderen Hinsicht unveränderlich sind und daß sie in einer Hinsicht kontingent und in einer anderen notwendig sind, nichts wert. Denn mit der gleichen Leichtfertigkeit könnte ich sagen, der Mensch sei ein Esel, wenn er auf eine Weise betrachtet würde, ein Ochse in anderer Hinsicht und eine Ziege in dritter Hinsicht. (Wilhelm von Ockham: *Texte zur Theorie der Erkenntnis und der Wissenschaft,* S. 209f.)

Realismus

Der Realismus ist neben dem → Nominalismus im → Universalienstreit des Mittelalters die wichtigste philosophische Richtung. Nach Auffassung der Realisten ist das

Allgemeine das Wirkliche und deshalb höher zu bewerten, existieren die Allgemeinbegriffe vor den Dingen (universalia sunt realia ante rem).

Diese extreme Lehre, die von den Nominalisten heftig bekämpft wurde, wandelte → Thomas von Aquin um zu einem gemäßigten Realismus: die Allgemeinbegriffe sind nach dem Vorbild der aristotelischen Abbildtheorie in den sinnlich wahrnehmbaren Einzeldingen existent und bestimmen deren Wesen (universalia sunt in re).

Robert Grosseteste

Robert Grosseteste (1175–1253), bedeutender englischer Scholastiker und Philosoph, war Lehrer und erster Kanzler der Universität Oxford, später Bischof von Lincoln. Sein berühmtester Schüler hieß → Roger Bacon. Die Universität von Oxford war die Hochburg der naturwissenschaftlichen Studien. Grosseteste betrachtete die Mathematik als Grundlage jeder Naturwissenschaft und betonte dabei die zentrale Rolle des Experiments. Die Optik war sein naturwissenschaftliches Experimentierfeld. Bei der Beobachtung des Regenbogens stellte er die Lichtbrechung fest. Trotzdem blieb für Grosseteste die Naturwissenschaft letztlich nur ein Mittel zur theologischen Erkenntnis. Als Bischof von Lincoln erklärte Robert Grosseteste 1245: »Die Quelle allen Übels ist die römische Kirche, weil sie durch ihre Schenkungen, Ämterverteilungen und Benefizverleihungen im vollen Sonnenlicht Männer ernennt, die verderblich wirken und keine Hirten sind.«

»Die Optik Robert Grossetestes mündete in einem ›Traktat über die Linien, die Winkel, die Figuren, die Spiegelung und die Lichtbrechung‹. Das heißt, sie lief auf eine Geometrie, auf die Geometrie der architektonischen Aufrisse hinaus. Von ihr bezog die Architektur des 13. Jahrhunderts ihre strahlende Strenge. In ihr spiegelten sich die neuen Strömungen des Wissens, die die Fakultät der freien Künste verbreitete.« (G. Duby: *Zeit der Kathedralen*, S. 254)

Roger Bacon

Roger Bacon wurde um 1214 in England geboren. Er studierte in Oxford und Paris, wo er als Magister artium lehrte und die Schriften des Aristoteles kommentierte, was in jenen Jahren offiziell verboten war. Nach Oxford zurückgekehrt, wurde er von den naturwissenschaftlichen Studien seines Lehrers und damaligen Kanzlers der Universität → Robert Grosseteste stark beeinflußt. Um 1257 trat Bacon in den → Franziskanerorden ein. Er zog wieder nach Paris, durfte aber nicht an der Universität unterrichten, da seine Lehrmei-

Der englische Gelehrte und Mönch Roger Bacon (1214–1284) nach einem anonymen Kupferstich aus dem 18. Jahrhundert.

nungen den Ordensoberen suspekt erschienen. Auf Wunsch von Papst Clemens IV., der Bacon wohlgesonnen war, schrieb er sein enzyklopädisches Werk *Opus maius, Opus minus* und *Opus tertium*. Er kritisierte darin die Theologie und Wissenschaft seiner Zeit und wurde 1277 von dem Pariser Bischof Etienne Tempier verurteilt (→ Averroismus). Bacon verfaßte weitere Schriften zur Grammatik, Naturwissenschaft, Alchimie, Astronomie und Astrologie. Daraufhin wurde er zu Klosterhaft in Oxford verurteilt. Er starb 1292.

Bacon trennt Theologie und Philosophie, ohne den Vorrang der Theologie jedoch anzugreifen. Als Heilmittel gegen die untauglichen Wissenschaftsmethoden seiner Zeit empfahl er Sprachenkenntnis, Mathematik, Optik und Erfahrungswissenschaften. Dem naturwissenschaftlichen Experiment maß Bacon als einer der ersten zentrale Bedeutung zu. Die Optik war seine eigentliche Domäne. Er erkannte die Gesetze der Reflexion und der Strahlenbrechung, erfand und verfertigte optische Instrumente und beschrieb phantastische Maschinen, die in der Luft fliegen oder ins Meer hinabtauchen konnten, mit deren Hilfe man in die Ferne sehen konnte und die geeignet waren, feindliche Heere oder den → Antichrist, dessen Erscheinen auch Bacon stets fürchtete, durch Explosionen und Brände zu zerstören.

Als Naturwissenschaftler war Bacon ein Moderner – in gewisser Hinsicht ein Vorläufer der Empiristen wie Francis Bacon –, als Theologe ein Traditionalist. Seine Zeitgenossen nannten ihn ›doctor mirabilis‹: den bewundernswerten und zugleich sonderbaren Gelehrten.

Scholastik

Für die Scholastik des Abendlandes (9.–15. Jahrhundert) ist kennzeichnend, daß die Grundlage der Wissenschaft und Philosophie von den in den christlichen Dogmen niedergelegten Wahrheiten gebildet wurde. Die Philosophie hatte eine Magd der Theologie zu sein (philosophia ancilla theologiae; Petrus Damiani). In der Frühscholastik (–1200) entwickelte sich die → scholastische Methode. Wichtige Vertreter waren → Abaelard und → Bonaventura. In der Hochscholastik (13. Jahrhundert) vollzog sich die Trennung von Wissenschaft und Philosophie.

Aristoteles war für das 13. Jahrhundert der Philosoph schlechthin. Mit dem Bekanntwerden seiner Schriften (→ Aristotelismus), entstand der → Universalienstreit. Die Philosophien der großen Orden, wie Franziskaner und Dominikaner, gewannen an Bedeutung. In dieser Zeit entstanden die philosophisch-theologischen Enzyklopädien, (sogen. Summen) z. B. die *Summa theologica* von → Thomas von Aquin. Wichtige Vertreter waren → Johannes von Jandun, → Roger Bacon, → Robert Grosseteste.

In der Spätscholastik (14. und 15. Jahrhundert) begann die Auflösung der großen Einheit des mittelalterlichen Denkens, vor allem durch den von → Wilhelm von Ockham eingeleiteten → Nominalismus. Die Logik und die naturphilosophischen Auffassungen der Pariser Nominalisten bereiteten die Physik der Neuzeit vor.

Scholastische Methode

Die scholastische Methode, die im wesentlichen von → Abaelard ausgearbeitet wurde, vollzieht sich in vier Stufen: die erste ist die Lesung eines Textes (lectio), die zweite ist die Stellung eines Problems (quaestio), das durch die Lesung entstand. Die Diskussion dieses Themas (disputatio) stellt dann als dritter Schritt den Mittelpunkt des Prozesses dar. Schließlich erfolgt als geistige Entscheidung die Auflösung (determinatio).

Die scholastische Methode besteht in der Gegenüberstellung der Argumente für und wider eine bestimmte These nach Art des ›pro und contra‹ (für und wider) und ›sic et non‹ (ja und nein).

Spiritualen

Nikolaus III. gestattete in seiner Bulle *Exiit* von 1279 den → Franziskanern in der → Armutsfrage zwar nicht Besitz, aber den Nutznieß irdischer Güter, indem er den Papst zum Besitzer aller Ordensgüter erklärte. Da die Spiritualen unter der Führung von Petrus Johannis Olivi (um 1248–1298) ein strenges Armutsprinzip vertraten, kam es zu heftigen Auseinandersetzungen mit den → Konventualen ihres Ordens.

→ Michael von Cesena, der Ordensgeneral der Franziskaner, versuchte 1328 vergeblich, dem Papst den Standpunkt der Spiritualen in der Armutsfrage zu erläutern, und mußte fliehen (→ *Ubertino von Casale*).

Syllogismus

In der Logik bezeichnet Syllogismus eine Schlußfolgerung vom Allgemeinen auf das Besondere (deduktiver Schluß). Aus zwei Prämissen wird der Schluß (conclusio) gezogen, z. B.:

Alle Menschen sind sterblich
Alle Könige sind Menschen

Alle Könige sind sterblich

Die Syllogistik, die von Aristoteles begründet wurde, kennt 64 Schlußfolgerungen – je nach Anordnung der Prämissen –, von denen aber nur 19 logisch gültig sind.

Die Scholastiker (→ *Scholastik*) des 12. Jahrhunderts, für die die Syllogistik die entscheidende Rolle bei der Beweisführung spielte, gaben den 19 Schlußmodi folgende Namen, wobei einige Buchstaben der Wörter den jeweiligen Beweismodus bezeichnen:

Barbara, Celarent primae, Darii,
Ferioque.
Cesare, Camestres, Festino, Baroco
secundae.

Tertia grande sonans recitat Darapti,
  Felapton.
Disamis, Datisi, Bocardo, Ferison.
  Quartae sunt
Bamalip, Calemes, Dimatis, Fisapo,
  Fresison.

Ein Beispiel aus dem Roman (*S. 336*) für einen Darii wäre:

Alle tiefen Spuren verraten einen Täter, der weggelaufen ist.
Einige Spuren sind tiefe Spuren.

Einige Spuren verraten, daß ein Täter weggelaufen ist.

Thomas von Aquin

Thomas von Aquin gilt als bedeutendster Philosoph und Theologe des Mittelalters. 1879 wurde seine Lehre, die die christliche und aristotelische Philosophie verbindet, zur Grundlage der katholischen Theologie erklärt.

Thomas von Aquin (1224–1274), der einer süditalienischen Adelsfamilie entstammte, wurde in Monte Cassino erzogen und studierte zunächst an der Universität in Neapel. Um 1244 trat er in den → Dominikanerorden ein, setzte sein Studium in Köln – als Schüler von → Albertus Magnus – und in Paris fort, wo er dann auch als Magister der Theologie bis 1259 lehrte. Von 1259–1269 unterrichtete er an der päpstlichen Kurie, von 1269–1272 wieder in Paris und schließlich von 1272–1274 in Neapel. Auf dem Weg zum Konzil in Lyon starb er 1274 im Kloster Fossanuova. 1322 wurde er heiliggesprochen.

Thomas von Aquin zieht als erster zwischen Glauben und Wissen eine scharfe Grenze: Obwohl die Sätze, die Wahrheiten des Glaubens mittels Vernunft nur als widerspruchsfrei und wahrscheinlich begründet werden können, ändert dies nichts an ihrer Gültigkeit. Das Wissen hat seine Grenzen und braucht zu seiner Vollendung den Glauben, der sich aus der göttlichen Offenbarung ableitet. Aus diesem Grunde ist die Wissenschaft der Theologie untergeordnet; und christliche Weisheit entsteht aus ihrer Verbindung.

Die *Summa theologica*, an der er von 1266 bis zu seinem Tod schrieb, gilt als sein Hauptwerk.

Im → Universalienstreit stand Thomas auf der Seite der Realisten. Im 14. Jahrhundert wurde seine Lehre, die im 13. Jahrhundert vorherrschend war, langsam vom Ockhamismus (→ Wilhelm von Ockham) verdrängt.

Ubertino von Casale

Ubertino von Casale (1259– um 1330) war → Spirituale und Nachfolger von Petrus Johannis Olivi (um 1248–1298) (→ III. 5. Ubertin v. Casale).

Ubertino betrachtet den Papst als → Antichrist und beeinflußte mit seinen → apokalyptischen Anschauungen Dante Alighieri (1265–1321), vor allem die Jenseitsschau der *Divina Commedia (Göttliche Komödie*; in toskanischer Sprache um 1307–1321 geschrieben). Um 1300 soll Ubertino die Segarellisten (→ *Apostler*) verraten haben. Er distanzierte sich 1317 Papst → Johannes XXII. gegenüber von Olivi (→ *Spiritualen*) und erhielt mit einigen Glaubensbrüdern zusammen die Erlaubnis, in den Benediktinerorden einzutreten. Damals soll er gesagt haben: »Wenn ich einen einzigen Tag bei den Brüdern geblieben bin, will ich nichts mehr in der Welt von euch oder irgend sonst jemand verlangen.«

Die Schonfrist dauerte aber nicht lange. 1325 floh Ubertino zu König → Ludwig dem Bayern.

Universalienstreit

Der Universalienstreit bezeichnet die philosophischen Auseinandersetzungen im Mittelalter über das Verhältnis der Allgemeinbegriffe (Universalien) zu den Dingen (Realien) und greift damit auf griechische Denkmodelle zurück:

Für Platon waren die Ideen das Wahrhaft-Wirkliche, die Ur-Realität, während sie für Aristoteles nur eine unnötige Verdoppelung der Dinge darstellten.

Zwei Hauptrichtungen entwickelten sich in der → Scholastik: der → Realismus und der → Nominalismus.

Der Realismus besagt, daß das Allgemeine das Wirkliche ist und die Allgemeinbegriffe vor den Dingen existieren (universalia sunt realia ante rem). Der Nominalismus hingegen lehrt, daß dem Allgemeinen keine Wirklichkeit (Realität) zukommt, nur Dinge existieren und die Allgemeinbegriffe nur Namen nach den konkreten Dingen sind (universalia sunt nomina post rem). → Wilhelm von Ockham war der wichtigste Vertreter des Nominalismus.

Im Universalienstreit ging es nicht nur um philosophisch-erkenntnistheoretische Fragen, sondern auch um theologische und machtpolitische; denn der Nominalismus stellte die Vorrangstellung der katholischen Dogmen (Ideen) in Frage und somit letztlich auch den Herrschaftsanspruch der Kirche und des Papstes in weltlichen Fragen. (→ *Ludwig der Bayer*).

Universitäten

Im 12. Jahrhundert entwickelten sich zunächst in Bologna und dann in Paris die ersten Universitäten. Ihr Aufstieg war das beherrschende Ereignis der Geistesgeschichte des 13. Jahrhunderts. War in den Kloster- und Domschulen der vorhergehenden Jahrhunderte die Bibel Grundlage des Unterrichts, so spielte sie in den zahlreichen Universitäten, die im 13. und 14. Jahrhundert gegründet wurden, nur noch in der theologischen Fakultät eine entscheidende Rolle.

Bücher und Schriften wurden für den Universitätsunterricht, der gegenüber kirchlicher und weltlicher Herrschaft autonom war, immer wichtiger. Die Universitätsbibliothek der Sorbonne war die größte und bedeutendste. 1290 umfaßte sie 1017 Bände; 1338 schon 1824, davon waren laut Katalog 23 Prozent biblische, 10 Prozent Schriften der

Der Mönch, der Astronom und der Mathematiker.
Aus einer mittelalterlichen Handschrift.

Kirchenväter, 15 Prozent theologisch-scholastische Texte, 22 Prozent verschiedene kirchlich-liturgische Bücher, 25 Prozent Schriften der ›freien Künste‹ und 0,6 Prozent Bücher in französischer Sprache.

An der Universität von Paris – eine Hochburg der Philosophie und Theologie – unterrichteten u. a.: → Albertus Magnus, (1245–1246), der heilige → Bonaventura (1248–1255), → Thomas von Aquin (1257–1259 u. 1269–1272), Siger von Brabant (ab 1266) – als führender Vertreter des Averroismus verdammte ihn der Bischof von Paris, Tempier, 1277 wegen Häresie, → Roger Bacon, → Johannes von Jandun und → Marsilius von Padua.

Das Studium bestand aus zwei Teilen: dem sogen. Trivium (Grammatik, Rhetorik, Dialektik) und dem anschließenden Quatrivium (Geometrie, Arithmetik, Astronomie und Musiktheorie und die Schriften des Aristoteles).

In den Klosterschulen bildeten diese sieben Fächer (ohne die Schriften des Aristoteles) das Trivium und Quatrivium, nach griechisch-römischer Bildungstradition die sieben freien Künste (septem artes liberales), die unerläßliche propädeutische Grundlage, auf der die höhere Ausbildung der Gotteslehre (sacra eruditio) aufbauen konnte. Als Lehrmethode wurde die → Scholastik angewandt. Ein vollständiges Studium dauerte ungefähr 15 Jahre.

Wilhelm von Ockham

Wilhelm von Ockham (auch Occam) wurde um 1285 in Ockham, einem kleinen Dorf südwestlich von London, geboren. Er trat in den → Franziskanerorden ein und wurde 1306 zum Subdiakon geweiht.

Um 1309 begann er sein Studium in Oxford – wo er auch ab 1317 Theologie und Philosophie lehrte –, schrieb Aristoteles-Kommentare, sieben *Quodlibeta* und seine Hauptwerke, den *Sentenzkommentar* und später die *Summa logicae*: der → Nominalismus Ockhamscher Prägung war begründet.

Johannes Lutterell, der Kanzler der Oxforder Universität – eine Hochburg der Logik und Naturwissenschaften –, verweigerte 1321 Ockham die Lehrerlaubnis wegen Häresie-Verdachts (→ *Häresie*).

1324 zitierte Papst → Johannes XXII. Ockham nach → Avignon und eröffnete einen Häresie-Prozeß gegen ihn. Vor Urteilsverkündung war es Ockham verboten, die Stadt zu verlassen.

Eine sechsköpfige Theologenkommission, unter ihnen Lutterell, der auch die Anklageschrift verfaßt hatte, erklärte 1326 51 von 56 beanstandeten Sätzen für häretisch. Doch es

Wilhelm von Ockham (1285–1347/49?). Randzeichnung mit einer Darstellung des ›Frater Occhim‹ in einer Handschrift des 14. Jahrhunderts.

kam zu keinem Urteilsspruch, und im Mai 1328 floh Ockham zusammen mit dem franziskanischen Ordensgeneral → Michael von Cesena aus Avignon und suchte Schutz bei Kaiser → Ludwig dem Bayern in Pisa. Einer Legende gemäß soll Ockham zum Kaiser gesagt haben: »Tu me defendas gladio, et ego te defendam calamo – Verteidige Du mich mit dem Schwert, und ich verteidige Dich mit der Feder.«

Wilhelm wurde vom Papst exkommuniziert und ging mit Ludwig 1330 an den Hof nach München. Dort lebte er bis zu seinem Tod um 1349 im Franziskanerkloster und schrieb seine politischen und polemischen Schriften, in denen er den Anspruch des Reiches gegenüber der Kirche begründete und verteidigte (→ III. 2. William v. Baskerville).

Zeit der Handlung

Wie der fiktive Übersetzer und Herausgeber in seiner Vorrede notiert, spielt die Handlung des Romans ›in der letzten Novemberwoche des Jahres 1327‹.

Der deutsche König → Ludwig der Bayer (1287–1347) zog Anfang des Jahres 1327 von Innsbruck nach Italien und ließ sich zu Pfingsten in Mailand mit der Langobardenkrone krönen. Die Vertreter der oberitalienischen Städte leisteten Ludwig den Treueeid und versprachen finanzielle Unterstützung bei seinem Kriegszug nach Rom.

Mit Hilfe von Castruccio von Lucca belagerte und eroberte schließlich Ludwig im September Pisa. Von der Stadt forderte Ludwig 100000 Goldgulden. Nur so konnte er seinen Kriegszug finanzieren.

Ende Oktober kam aus → Avignon das Schlußurteil des Exkommunikationsprozesses gegen Ludwig, das ihm jede weltliche und geistliche Würde absprach.

Die Römer, beunruhigt wegen der Krönung Ludwigs in Mailand, schickten eine Gesandschaft nach Avignon, um den dort residierenden Papst → Johannes XXII. zu bewegen, nach Rom zurückzukehren. Doch der Papst lehnte ab.

Daraufhin wurde Ludwig zur Kaiserkrönung nach Rom eingeladen.

Am 15. Dezember brach Ludwig mit einem großen Heer nach Rom auf, wo er Anfang Januar 1328 jubelnd empfangen wurde. Am 17. Januar wurde Ludwig zum Kaiser gekrönt.

ANHANG

Umberto Eco

Lebenslauf in Stichworten

Geboren am 5. 1. 1932 in Alessandria (Piemont).
1954 Promotion in Philosophie bei Luigi Pareyson in Turin. Anschließend Arbeiten für das italienische Fernsehen, Artikel für die Zeitschriften ›Verri‹ und ›Rivista di Estetica‹, Publikation der ersten Essays von *Das offene Kunstwerk* in der Zeitschrift ›Incontri Musicali‹.
Ab 1959 Zusammenarbeit mit dem Verlag Bompiani, seither Betreuung einer philosophisch-soziologisch-semiotischen Schriftenreihe.
Ab 1962 Vorlesungen als freier Dozent für Ästhetik in Turin und Mailand, ab 1966 a. o. Professor für visuelle Kommunikation in Florenz.
Daneben Mitbegründung diverser Zeitschriften (›Marcatré‹ 1961, ›Quindici‹ 1967), Mitarbeit an großen Wochenblättern (›The Times Literary Supplement‹ seit 1963, ›L'Espresso‹ seit 1965), Auslandsreisen nach Nord- und Südamerika.
1966 Vorlesungen in São Paulo, 1969 an der New York University, 1970 an verschiedenen argentinischen Universitäten, 1972 an der Northwestern University in Chicago.
1971 Berufung als a. o. Professor für Semiotik an die Universität Bologna, seit 1975 Lehrstuhlinhaber. Zugleich Direktor des Istituto di Discipline della communicazione e dello spettacolo an der Universität Bologna sowie der von ihm 1971 gegründeten ersten internationalen Zeitschrift für Semiotik ›Versus‹. Als Generalsekretär der 1969 in Paris gegründeten International Association for Semiotic Studies

organisiert er 1974 in Mailand den ersten Internationalen Kongreß für Semiotik.
Zugleich weiterhin Mitarbeit an diversen Periodika (1971–1974 Artikel für die linkskommunistische Zeitung ›Il Manifesto‹ unter dem Pseudonym Dedalus, 1979 Mitbegründung der literarischen Monatszeitung ›Alfabeta‹, regelmäßige Artikel für das Wochenmagazin ›L'Espresso‹).
Ausgedehnte internationale Kontakte, Gastdozenturen in Kanada und den USA, redaktionelle Mitarbeit an den Zeitschriften ›Degrées‹ (Brüssel), ›Poetics Today‹ (Tel Aviv), ›Structuralist Review‹ (Bloomington, Indiana), ›Communication‹ (London), ›Problemi dell'informazione‹ (Bologna).

Bibliographie der wichtigsten deutschen Buchpublikationen

Einführung in die Semiotik; Fink: München 1972.

Das offene Kunstwerk; Suhrkamp: Frankfurt 1973.

Zeichen. Einführung in einen philosophischen Begriff; Suhrkamp: Frankfurt 1977.

Der Name der Rose. Roman; Hanser: München 1982.

Apokalyptiker und Integrierte. Der Verdacht des Kulturzerfalls und die Sprachen der Alltagsphantasie; Fischer: Frankfurt 1984.

Nachschrift zum ›Namen der Rose‹; Hanser: München 1984.

Über Gott und die Welt. Essays und Glossen; Hanser: München 1985.

Lektor in fabula; Hanser: München in Vorbereitung für 1987.

Der Film
›Der Name der Rose‹

Besetzung

William von Baskerville	Sean Connery
Bernardo Gui	F. Murray Abraham
Adson von Melk	Christian Slater
Severinus	Elya Baskin
Jorge von Burgos	Feodor Chaliapin, Jr.
Ubertin von Casale	William Hickey
Der Abt	Michael Lonsdale
Salvatore	Ron Perlman
Malachias	Volker Prechtel
Remigius von Varagine	Helmut Qualtinger
Das Mädchen	Valentina Vargas
Berengar	Michael Habeck
Venantius	Urs Althaus
Michael von Cesena	Leopoldo Trieste
Hieronymus von Kaffa	Franco Valobra
Hugo von Novocastrum	Vernon Dobtcheff
Petrus von Assisi	Donal O'Brian
Cuthbert von Winchester	Andrew Birkin
Kardinal Bertrand	Lucien Bodard
Jean d'Anneaux	Peter Berling
Bischof von Arborea	Pete Lancaster
Mönche	Franco Adducci, Niko Brücher, Aristide Caporali, Fabio Carfora, Peter Clös, Mario Diano, Fabrizio Fontana, Rolando Fucili, Valerio Isidori, Luigi Leone, Armando Marra, Maurizio Mauri, Ludger Pistor, Francesco Scali, Maria Tedeschi, Andrea Tilli
Schweinehirten	Ennio Lollaninni, Emil Feist, Francesco Maselli, Renato Nebolini

Bauern .... Antonio Cetta, Franco Covielleo, Daniele Ferretti, Sabatino Gennardo, Luciano Invidia, Mauro Leoni, Massimiliano Scarpa, Umberto Zuanelli
Jorges Novize .... Mark Bellinghaus
Novizen .... David Furtwängler, Patrick Kreuzer, Kim Rossi Stuart
Adelmo .... Lars Bodin-Jorgensen
Päpstliche Gesandte .... Franco Diogene, Giodano Falzoni, Eckehard Koch, Gina Poli, Gianni Rizzo, Lothar Schönbrodt, Vittorio Zarfati
Päpstlicher Soldat .... Carlo Bianchino
Soldaten der Inquisition .... Eugenio Bonardi, Pietro Ceccarelli, Franco Marino, Hans Schödel
Nero .... Peter Welz
Henker .... Alberto Capone
Originalstimme Adsons als alter Mann .... Dwight Weist

Stab

Regie .... Jean-Jacques Annaud
Produzent .... Bernd Eichinger
Drehbuch .... Andrew Birkin, Gerard Brach, Howard Franklin, Alain Godard
Kamera .... Tonino Delli Colli
Production Design .... Dante Ferretti
Schnitt .... Jane Seitz
Musik .... James Horner
Kostüme .... Gabriella Pescucci
Executive Producers .... Thomas Schühly, Jake Eberts
Co-Produzenten .... Franco Cristaldi, Alexandre Mnouchkine
Production Executive .... Anna Gross

3 Literaturverzeichnis

Aicher, Otl, Greindl, Gabriele, Vossenkuhl, Wilhelm: *Wilhelm von Ockham. Das Risiko modern zu denken*; München 1986.

Assunto, Rosario: *Die Theorie des Schönen im Mittelalter*; Köln 1982.

Augustinus, Aurelius: *Bekenntnisse:* München 1982

Bachorsky, Hans-Jürgen (Hrsg.): *Lektüren.* Aufsätze zu Umberto Ecos ›Der Name der Rose‹. Göppinger Arbeiten zur Germanistik Nr. 432; Göppingen 1985.

Bachtin, Michail: *Literatur und Karneval.* Zur Romantheorie und Lachkultur; München 1969.

Bachtin, Michail: *Rabelais in the History of Laughter,* in: Rabelais and his World, übers. v. H. Iswolsky; Cambridge, Mass., London 1968.

Baier, Lothar: *Die große Ketzerei*; Berlin 1984.

Beato di Liébana: *Miniature del Beato de Fernando I y Sancha.* Testo e commenti alle tavole (I Segni dell'uomo, 13), Parma 1973.

Die Bibel. Die Heilige Schrift des Alten und Neuen Bundes. Mit den Erläuterungen der Jerusalemer Bibel, hrsg. v. Arenhoevel, Diego, Deissler, Alfons, Vögtle, Anton; Freiburg, Basel, Wien 1968.

Die Bibel oder die ganze Heilige Schrift des Alten und Neuen Testaments nach der Übersetzung Martin Luthers; Stuttgart o. J.

Die Bibel. Einheitsübersetzung; Stuttgart 1980.

Borges, Jorge Luis: *Die Bibliothek von Babel,* in: Sämtliche Erzählungen; München 1970.

Borges, Jorge Luis: *Die Bibliothek von Babel,* übers. v. Karl August Horst und Curt Meyer-Clason; Stuttgart 1974.

Borges, Jorge Luis: *Die zwei Labyrinthe,* Lesebuch; München 1986.

Borst, Arno: *Lebensformen im Mittelalter*; Frankfurt, Berlin 1979.

Buono, O. del, Eco, Umberto (Hrsg.): *Der Fall James Bond. 007 – ein Phänomen unserer Zeit*; München 1966.

Canetti, Elias: *Die Blendung*; München 1974.

Carmina Burana – Lieder der Vaganten, lat. u. dtsch. nach Ludwig Laistner, hrsg. v. Eberhard Brost; Heidelberg 1956.

Curtius, Ernst Robert: *Europäische Literatur und lateinisches Mittelalter,* Bern, München ^{1}1948, ^{2}1961, ^{8}1973.

Dante Alighieri: *Die göttliche Komödie,* übers. v. Karl Vossler; Zürich o. J.
Doyle, Arthur Conan: *Sherlock Holmes – Geschichten. Der Hund von Baskerville;* Manesse, Zürich 1981.
Duby, Georges: *Die Zeit der Kathedralen;* Frankfurt ^{4}1985.
Eco, Umberto: *Opera aperta;* Mailand ^{1}1962, ^{2}1967.
Eco, Umberto: *Apocalittici e integrati;* Mailand ^{1}1973, ^{2}1978.
Eco, Umberto. *Il nome della rosa;* Mailand 1980.
Eco, Umberto: *Der Name der Rose,* übers. v. Burkhard Kroeber; Carl Hanser Verlag: München 1982, Deutscher Taschenbuchverlag: München 1986.
Eco, Umberto: *Nachschrift zum ›Namen der Rose‹;* München 1984.
Eliade, Mircea: *Im Mittelpunkt.* Bruchstücke eines Tagebuchs; Wien, München, Zürich 1977.
Exempla historica. *Epochen der Weltgeschichte in Biographien.* Mittelalter, Bd. 13–19; Zürich 1973.
Flasch, Kurt (Hrsg.): *Geschichte der Philosophie in Text und Darstellung.* Mittelalter; Stuttgart 1982.
Friedrich, Hugo: *Die Struktur der modernen Lyrik,* erw. Neuauflg.; Hamburg 1967.
Giovannoli, Renato (Hrsg.): *Saggi su ›Il nome della rosa‹;* Mailand 1985.
Guarini, Ruggero: *Decalogo del Bestellerista,* in: L'Espresso vom 3. 4. 1983, S. 72.
Harnack, Adolf v.: *Dogmengeschichte.* Grundriß der Theologischen Wissenschaften. 4, 3; Tübingen ^{7}1931.
Hillairet, Jacques: *Les Villages,* in: *Connaisance du vieux Paris,* Paris 1951–1954, Bd. 3.; o. O., o. J.
Huizinga, Johan: *Herbst des Mittelalters;* Stuttgart ^{1}1919, ^{11}1975.
Imbach, R., Méléard, M.-H. (Hrsg.): *Philosophes médiévaux des XIIIe et XIVe Siècles;* Paris 1986.
Kern, Hermann: *Labyrinthe: Erscheinungsformen und Deutungen.* 5000 Jahre Gegenwart eines Urbilds, dtsch. erw. Fassg.; München 1982.
Lea, Henry Charles: *Die Inquisition;* Nördlingen 1985.
Le Goff, Jacques: *Das Hochmittelalter,* Fischer Weltgeschichte Bd. 11; Frankfurt 1965.
Le Goff, Jacques: *Les intellectuels au Moyen Age;* Paris 1985.
Lindsay, W. M. (Hrsg.): *Isidori Hispalensis episcopi Etymologiarum sive originum Libri XX,* Sciptorum classicorum Bibliotheca Oxoniensis; Oxford 1962.
Marsilius von Padua: *Der Verteidiger des Friedens;* Stuttgart 1971.
Meister Eckhart: *Vom Wunder der Seele;* Stuttgart 1951.

Nerval, Gerard de: *Angélique,* in: Oeuvres, hrsg. v. A. Béguin und J. Richer; Paris 1952.
Die Offenbarung des Johannes, erklärt v. Adolf Pohl, 2 Bde.; Wuppertal 1969–1971.
Panofsky, Erwin: *Sinn und Deutung in der bildenden Kunst;* Köln 1978.
Potocki, Jan Graf: *Die Handschrift von Saragossa,* hrsg. v. Roger Cailloïs, 2 Bde.; Frankfurt 1975.
Praz, Mario: *Liebe, Tod und Teufel.* Die schwarze Romantik, 2 Bde.; München 1970.
Preisendanz, K.: *Bibliothek(en),* in: Konrad Ziegler, Walter Sontheimer (Hrsg.): *Der Kleine Pauly,* Lexikon der Antike, Bd. 1.; München, Stuttgart 1964–1975.
Rengstorf, Heinrich: ἑπτά [...] in: Gerhard Kittel, Gerhard Friedrich (Hrsg.): *Theologisches Wörterbuch zum Neuen Testament,* Bd. 2; Stuttgart, Berlin, Köln, Mainz 1933–1979.
Schick, Ursula: *Erzählte Semiotik oder intertextuelles Verwirrspiel?,* Poetica, 16, Heft 1–2, 1984.
Storia di Fra Michele Minorita come fu arso in Firenze nel 1389 con documenti riguardanti i Fraticelli della Povera Vita, in: Scelta die curiosita letterarie inedite o rare del secolo XIII al XIV, Dispensa L; Bologna 1968.
Strecker, Karl (Hrsg.): *Cena Johannis Diaconi und Cena Cypriani,* in: *Monumenta Germaniae Historica, Poetae Latini Aevi Carolini 4.2.;* o. O. 1923.
Abbot Suger: *On the Abbey Church of St.-Denis and its art treasures,* hrsg. v. Erwin Panofsky; Princeton 1946.
Tuchmann, Barbara: *Der ferne Spiegel.* Das dramatische 14. Jahrhundert; München 1982.
Wilhelm von Ockham: *Texte zur Theorie der Erkenntnis und der Wissenschaft,* hrsg. v. Ruedi Imbach; Stuttgart 1984.

Abbildungsverzeichnis

Der Abdruck der Abbildungen erfolgt mit der freundlichen Genehmigung der angegebenen Institutionen und Personen.

S. 151: Jacques Le Goff: *Les intellectuels au Moyan Age,* Paris 1985, S. 124.

S. 158: aus Martin Gosebruch: *Giotto und die Entwicklung des neuzeitlichen Kunstbewußtseins,* Köln: DuMont Verlag 1962, Abb. 14.

S. 162: Archiv für Kunst und Geschichte, Berlin.

S. 170: Stiftsbibliothek St. Gallen.

S. 179: Archiv für Kunst und Geschichte, Berlin.

S. 186: Jacques Le Goff: *Les intellectuels au Moyan Age,* Paris 1985, S. 128.

S. 188: aus *Exempla historica.* Epochen der Weltgeschichte in Biographien, Bd. 16, Frankfurt/M.: Fischer Verlag 1984. Foto: Archiv Coron Verlag, Zürich.

Farbtafeln

Alle Abbildungen aus dem Film: Neue Constantin, München.

vor S. 145: Teppich von Angers, Foto Bayerische Staatsbibliothek, München.

nach S. 160: Facundus-Handschrift nach Beatus von Liébana, Bayerische Staatsbibliothek, München.

vor S. 161: Facundus-Handschrift nach Beatus von Liébana, Bayerische Staatsbibliothek, München.

nach S. 176: Beginn des Johannes-Evangeliums, Clm 4453, f. 207, Bayerische Staatsbibliothek, München.

vor S. 177: Apokalypsenhandschrift Valladolid Fol. 93 nach Beatus von Liébana.

Personenregister

Reale Personen sind gerade, fiktive Personen *kursiv* gesetzt. Treten reale Personen auch als literarische Figuren auf, wird der Name sowohl gerade als auch *kursiv* angegeben.

Register aller im Roman ›Der Name der Rose‹ erwähnten Personen

Alle handelnden Personen des Romans sind *kursiv*, alle nur erwähnten Personen sind gerade gesetzt.

Es bleibt
noch ein Buch zu schreiben,
in dem der Mörder der *Leser* ist...
Es gibt obsessive Ideen,
sie sind niemals privat,
die Bücher sprechen direkt miteinander,
und eine wahre
detektivische Untersuchung
muß beweisen,
daß immer
wir
die Schuldigen sind.

Umberto Eco:
Nachschrift zum ›Namen der Rose‹

01/6629 - DM 6,80

01/6820 - DM 6,80
(März '87)

01/6702 - DM 6,80

Wilhelm Heyne Verlag
München

Weitere mittelalterliche Krimis mit dem Benediktiner-Mönch Cadfael als Sherlock Holmes des Mittelalters folgen in halbjährlichen Abständen.

HEYNE BÜCHER

HEYNE FILMBIBLIOTHEK

Themenbände, die sich mit bestimmten Filmarten, wichtigen Epochen und Kategorien beschäftigen.

32/40 - DM 9,80

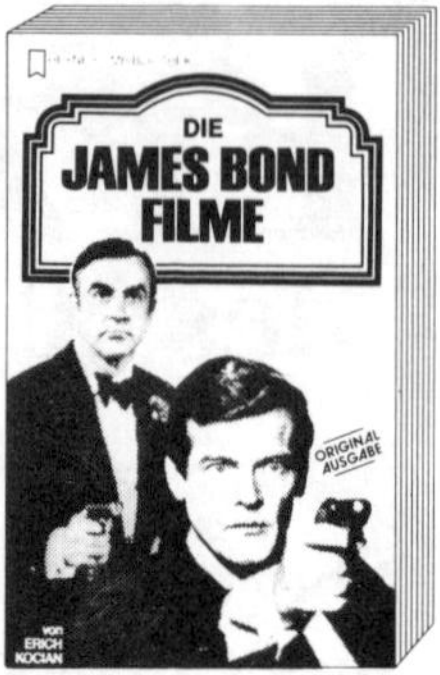

32/44 - DM 10,80

32/68 - DM 10,80

32/54 - DM 9,80

32/62 - DM 6,80

32/78 - DM 12,80

32/73 - DM 12,80

32/80 - DM 9,80